QUASE VEGETARIANO

Geni Coli

QUASE VEGETARIANO
Alimentação saudável através de receitas deliciosas

© *Copyright*, 2005, Geni Coli
3ª Edição 2011
Em conformidade com a nova ortografia

Todos os direitos reservados.
Editora Claridade Ltda.
Avenida Dom Pedro I, 840
01552-000 São Paulo – SP
Fone/fax: (11) 2061.9961
E-mail: claridade@claridade.com.br
Site: www.claridade.com.br

Preparação de originais:
Érika Finati, Rosa Maria Zuccherato

Revisão
Ruy Cintra Paiva

Revisão 3ª Edição
Juliana Messias

Ilustrações
William Valeriano

Capa
Antonio Kehl

Editoração Eletrônica
Veridiana Magalhães

Dados para Catalogação na Fonte

Coli, Geni

Quase vegetariano - Alimentação saudável através de receitas deliciosas /
São Paulo : Claridade, 2011
196 p. il.

ISBN 978-85-8032-010-7

1. Culinária 2. Naturismo
    I. Título

CDD 641

SUMÁRIO

ALGUMAS PALAVRAS PARA COMEÇAR 7
OS ALIMENTOS ORGÂNICOS E SEUS BENEFÍCIOS 9
SOJA: UM ALIMENTO PRA LÁ DE NUTRITIVO 11
ALHO: SABOROSO E TERAPÊUTICO 13
SHITAKE: DELICADO SABOR DO ORIENTE 15
BROTOS: PLANTANDO E COLHENDO SAÚDE 17
COMIDA BEM TEMPERADA 20
SUCOS NATURAIS: MENOS CALORIAS E MAIS SAÚDE 27
TABELA DE EQUIVALÊNCIA DE PESOS E MEDIDAS 30

ANTEPASTOS 33
    CONSERVAS 34
    MAIONESES 35
    MOLHOS 36
    PASTAS E PATÊS 39
    REQUEIJÃO 42

ARROZ 43

BOLOS 51

FRANGOS 59

LANCHES 67

MASSAS E SEUS MOLHOS 79

PEIXES 93

PIZZAS E PÃES 99
    RECHEIOS PARA PIZZA 107
PRATOS PRINCIPAIS E ACOMPANHAMENTOS 109
SALADAS 135
SALGADINHOS 145
SOBREMESAS E DOCES 149
SOPAS E CALDOS 165
SUCOS E CHÁS 173
ÍNDICE DE RECEITAS 189

> Para facilitar a localização das receitas, consulte o Índice que se encontra no final do livro

Agradeço, primeiramente, a Deus por possibilitar a concretização de mais esse sonho.

À minha mãe (em memória), pelos ensinamentos que me transmitiu.

Um agradecimento especial a meu marido pelo incentivo e confiança que me passou na elaboração deste livro.

Minha gratidão também a meus filhos, noras, genro e a meus netos, bem como à minha amiga Marlene, pela paciência de me ouvir no decorrer do trabalho e por seus comentários valiosos.

ALGUMAS PALAVRAS PARA COMEÇAR

É inquestionável que a alimentação é uma das fontes de uma vida saudável, sendo inclusive forte aliada na prevenção e tratamento de doenças a que todos estamos sujeitos. O que procuramos mostrar neste *Quase Vegetariano* é a possibilidade, bastante acessível, de conciliar a boa cozinha – saborosa, cheia de aromas e prática – com a busca de uma alimentação salutar, nutritiva, que cumpra também um papel terapêutico.

É verdade que a vida agitada nos grandes centros urbanos faz com que falte tempo para prepararmos alimentos mais saudáveis, dificultando a possibilidade de se ter um cardápio completamente natural. Entretanto, no dia a dia, podemos ter uma alimentação mais balanceada, como se pode comprovar nas páginas a seguir, onde você encontrará várias receitas fáceis de fazer, mostrando que é possível adotar uma

dieta que, embora não seja completamente vegetariana, torna viável uma alimentação que une o prazer culinário aos benefícios do naturismo. Sem radicalismo.

Você vai saber como fazer sopas, guisados, suflês, tortas, pizzas e até mesmo lasanhas, tudo mais nutritivo e menos calórico. Também encontrará receitas com carnes brancas (frango e peixe). Estas carnes, além de carregarem menos toxinas que as vermelhas, também fornecem nutrientes que contribuem para a saúde.

Sabe-se que o consumo de carnes brancas, como peixe e frango, no lugar das carnes vermelhas, é mais adequado. Os peixes, em sua maioria, têm menos gordura e colesterol do que a carne bovina, de porco, frango e peru, e também são boas fontes de proteína. Possuem, igualmente, vitamina D e minerais como, cálcio, sódio, potássio e ferro. Mesmo as espécies de peixe que são ricas em gordura (como salmão, cavalinha, sardinha, arenque e anchova) têm bastante <u>ácidos graxos ômega 3</u> (gordura insaturada), que podem estar relacionados à diminuição do risco de doenças cardíacas. O frango, embora possua gorduras saturadas, também compreende proteínas, ferro, zinco, e, desde que não seja consumido em excesso, pode fazer parte de um cardápio equilibrado. O ideal, sempre, é retirar sua gordura aparente e sua pele, e prepará-lo cozido ou grelhado. É preciso lembrar, também, que o frango é produzido com o uso de hormônios de crescimento, anabolizantes e outras drogas, como os antibióticos. À medida do possível, prefira o consumo de frangos de criação orgânica ou a galinha caipira.

Este livro apresenta também receitas com alimentos comprovadamente eficazes para a saúde, como soja, alho, shitake, além de verduras, brotos, legumes e frutas. A carne de soja – utilizada em inúmeras receitas deste *Quase vegetariano* – também pode ser uma alternativa eficaz e deliciosa para substituir a carne vermelha, suprindo, principalmente, nossas necessidades de proteínas. A soja também previne várias doenças, como se verá no texto que aborda os benefícios deste alimento, que se encontra nas próximas páginas.

E, ainda, com o *Quase Vegetariano*, você terá várias opções de receitas para fazer sucos muito nutritivos, saborosos e que também ajudam na prevenção e no tratamento auxiliar do colesterol, da anemia, entre outros males.

Você verá que é possível ter uma alimentação prazerosa, variada, saudável... quase vegetariana (mas nem tanto) com um pouquinho de carne branca. Boa leitura e bons pratos!!!

OS ALIMENTOS ORGÂNICOS E SEUS BENEFÍCIOS

Os alimentos orgânicos são aqueles produzidos somente com os recursos disponíveis na Natureza, como o solo, a água e os defensivos naturais. Eles são mais "puros" porque têm menos resíduos de substâncias químicas que os demais alimentos comerciais. Por essa razão, sempre que possível utilize alimentos orgânicos em sua alimentação. É verdade que eles custam mais caro, mas uma boa ideia é você mesmo cultivar (no quintal de sua casa ou mesmo naquele cantinho da varanda do apartamento) uma pequena horta, onde poderá colher legumes e verduras para o seu próprio consumo. E terá, além de tudo, momentos prazerosos de desprendimento da correria do cotidiano.

As verduras, frutas e legumes orgânicos não provêm de sementes transgênicas (geneticamente modificadas), e são cultivadas sem a utilização de agrotóxicos e de adubos químicos. O conceito de orgânico pode ser aplicado também na criação de animais para corte, como o frango, sem o uso de hormônios de crescimento, de anabolizantes ou de outras drogas, como os antibióticos. Também são produzidos alimentos orgânicos industrializados, como sucos, óleos, carnes, ovos e até cervejas e vinhos, sem produtos químicos (corantes, aromatizantes artificiais, entre outros).

Pesquisas mostram que as plantas orgânicas têm um teor vitamínico mais concentrado. Em geral, elas possuem maior quantidade de vitamina C e os tomates orgânicos possuem 23% a mais de vitamina A do que os convencionais. Os orgânicos têm uma concentração maior de alguns minerais essenciais que os contidos em alimentos cultivados de modo tradicional. Eles têm 63% a mais de cálcio, e quantidades maiores de ferro (73%), fósforo (91%), magnésio (118%), molibdênio (178%), potássio (125%) e zinco (60%). E, ainda, alguns produtos orgânicos, como o milho e o morango, possuem quantidade significativamente mais alta de antioxidantes que combatem o câncer, estimulam o sistema imunológico e reduzem os efeitos do envelhecimento. Alguns especialistas afirmam que pessoas com tendência ao desenvolvimento de câncer aumentam as chances de exposição à doença ao consumir alimentos cultivados com agrotóxicos, e, por isso, defendem os orgânicos. Porém, parte dos agrotóxicos podem ser retirados dos alimentos convencionais, desde que sejam bem lavados. Na página

173, encontram-se dicas para proceder a essa lavagem com eficiência

Existem produtores que atendem aos requisitos exigidos para a produção de alimentos orgânicos. Entretanto, também são encontrados, nesse mercado, produtos com taxas altas de substâncias químicas agrícolas, devido a fraudes ou por causa de contaminação involuntária. Os alimentos orgânicos devem ter o selo do Instituto Biodinâmico de Desenvolvimento Rural (IBD), órgão que fiscaliza e certifica esses produtos no Brasil de acordo com normas internacionais. Este selo só é conferido após rigorosos exames de controle de qualidade de solo, água, reciclagem de matéria orgânica, entre outros.

SOJA: UM ALIMENTO PRA LÁ DE NUTRITIVO

Quando se fala de alimentação natural um ingrediente toma a dianteira: a soja. Trata-se de um cereal conhecido no Oriente há mais de cinco mil anos e que provavelmente originou-se no berço da civilização chinesa, o Vale do Rio Amarelo. Os chineses o consideravam um grão sagrado, juntamente com o trigo, o centeio e o arroz, e lhe dedicavam cerimônias, nas épocas do plantio e da colheita. No Brasil, a soja começou a ser produzida somente no século XX.

Este alimento contém grande quantidade de proteína, é fonte de fibras, minerais (potássio, cálcio, zinco) e vitaminas, principalmente as do complexo B (niacina, piridoxina e folacina), além de ter propriedades medicinais que previnem e tratam muitas doenças. Ajuda a combater o colesterol, previne diversos tipos de câncer (de útero, mama, próstata, pulmão entre outros), doenças cardiovasculares, diabetes e osteoporose. E, ainda, estudos têm indicado que este grão também pode amenizar os sintomas da menopausa (como ondas de calor, dores de cabeça, insônia e ressecamento vaginal). Suas fibras, que são hidrossolúveis, evitam a prisão de ventre. Por trazer tantos benefícios para a saúde, a soja é chamada de alimento funcional.

Ela pode ser consumida em grãos e também de diversas outras maneiras, por meio de seus produtos derivados, como: extrato solúvel (leite), tofu (queijo), a carne de soja que, mesmo em escala industrial, atingiu uma qualidade excelente e é encontrada em muitos supermercados, tempeh (qualho), farinha, proteína texturizada, entre outros. O FDA (Food and Drug Administration), órgão do governo dos EUA que regulamenta remédios e alimentos, recomenda o consumo diário de 25 gramas de proteína de soja, divididos em quatro refeições, na prevenção do colesterol e de doenças cardiovasculares. Na prevenção da osteoporose e do câncer, esta quantidade sobe para 30 gramas por dia. Para, possivelmente, aliviar os sintomas da menopausa, deve-se consumir diariamente 60g de soja. Os conteúdos de proteína nos alimentos da soja são: ½ copo de grãos cozidos possuem 14g de proteína, um copo de leite de soja, 7g; ½ copo de grãos torrados, 34g; ¼ de copo de farinha de soja, 8g; ½ copo de tofu, 10g; ½ copo de proteína texturizada de soja (PTS) preparada, 11g, e ½ copo de tempeh, 16g.

A soja e seus produtos podem ser combinados com vários alimentos – como constatará nas receitas deste livro –, além de enriquecer sucos (leite de soja), e acrescentar sabor diferenciado à sua sopa preferida com o uso do tofu. Ao fazer pães e bolos, pode usar a farinha de soja no lugar de trigo na proporção de 30%. E isto é só o começo... Você também pode criar muitas outras formas saborosas de consumir a soja!

RECEITAS QUE TÊM A SOJA COMO INGREDIENTE PRINCIPAL

- Creme de limão 34
- Soja em conserva 35
- Maionese de
  soja (I) e (II) 35
- Pasta de soja 39
- Tofu (queijo de soja) 41
- Bolo de soja
  com chocolate 56
- Bolo pão de ló integral 56
- Frango frito com alho
  poró, soja e gengibre 60
- Bolachinhas de soja 70
- Hamburguer de soja 72
- Manteiga de soja 73
- Margarina de soja 73
- Rosquinhas de
  banana com soja 74
- Massa de soja 83
- Molho à bolonhesa
  natural 86
- Bacalhoada com soja 111
- Bife de soja (I) 113
- Bife de soja (II) 113
- Carne de soja em lata 115
- Chilli de soja 116
- Feijoada vegetal 120
- Feijoada vegetariana
  da Ercília 120
- Quibe vegetariano 126
- Estrogonofe de
  proteína de soja 128
- Salada de pimentão
  vermelho 140
- Salada de soja 140
- Recheio de tofu 148
- Recheio para
  coxinhas 148
- Beijinhos 150
- Brigadeiro de soja 152
- Cajuzinhos 152
- Creme de
  chantilly light 153
- Docinho de casca
  de abacaxi 155
- Docinhos de coco 156
- Leite condensado
  de soja 157
- Pudim de extrato
  de soja 158
- Caldo de soja 166

ALHO: SABOROSO E TERAPÊUTICO

Como não poderia ser de outra forma, o alho está presente neste livro, como condimento, em diversos pratos deliciosos, além de, em alguns deles, ser o "personagem principal". Trata-se de um velho companheiro do homem na boa cozinha e, igualmente, na medicina popular. Nesse sentido, era usado pelos antigos egípcios, que atribuíam ao alho propriedades como encorajar os soldados nas batalhas e dar aos escravos mais força para resistirem ao trabalho árduo. Assim, podemos até especular que, sem o alho, as pirâmides não teriam sido construídas ou, pelo menos, não ficariam tão perfeitas... Era também consumido pelos gregos, que o conheciam por "rosa de mau cheiro" por causa de seu cheiro forte, característico dos alimentos ricos em componentes sulfurados (derivados do enxofre).

A planta do alho é pequena, suas folhas são compridas e suas flores apresentam-se na coloração branca ou avermelhada. Compreende mais de trinta ingredientes com efeitos benéficos para a saúde, como vitamina C, cálcio, ferro, fósforo e selênio, além de compostos que estimulam as defesas do organismo, desobstruem as artérias (previnem doenças como

o derrame cerebral e o infarto), protegem contra o câncer e combatem os micróbios. O alho também ajuda a reduzir o colesterol e a pressão do sangue, previne resfriados e outras doenças infecciosas e é indicado no tratamento de verminoses intestinais.

Nem é preciso dizer que é um alimento "forte", por isso tem de ser usado com bom senso, pois em exagero pode até provocar incômodos gastrintestinais. Um dente de alho por dia, por exemplo – cortado picadinho, *in natura*, e misturado no arroz – é uma boa forma de introduzi-lo na dieta do dia a dia como ingrediente terapêutico de prevenção de doenças.

Como condimento, o alho está presente neste livro em diversas receitas, mas nas indicadas no box ele aparece como ingrediente principal. Aproveite, portanto, todo o potencial deste ingrediente que une sabor e saúde em nome da gastronomia.

RECEITAS QUE TÊM O ALHO COMO INGREDIENTE PRINCIPAL

- Catupiry com ervas e alho 33
- Berinjela em conserva 34
- Molho de abóbora com alho 36
- Molho de alho com ricota 37
- Molho de beterraba com alho 37
- Molho de iogurte com alho 38
- Risoto de alho-poró 47
- Frango frito com alho-poró, soja e gengibre 60
- Bolo com massa de lasanha 79
- Espaguete com atum, espaguete com bacalhau 80
- Molho à bolonhesa natural 80
- Molho simples de tomate 86
- Bobó de peixe 88
- Abobrinhas com alho 93
- Bacalhoada com soja 109
- Batata assada com alho 111
- Beterraba assada com alho 112
- Bolinhos de vegetais ricos em fibras 112
- Creme de escarola com alho 114
- Paella 122
- Recheio de espinafre (II) 147
- Chá de cravo, canela e alho 186
- Chá de capim cidreira com alho 187
- Chá de hortelã com alho 187
- Chá fortalecedor com alho 187

SHITAKE: DELICADO SABOR DO ORIENTE

Cultivado há quase um milênio pelos povos asiáticos, o shitake se destaca de outros cogumelos por constituir uma excelente fonte de vitamina B e de proteínas, enzimas e carboidratos, que fortalecem o sistema imunológico.

Valores nutricionais por 200g (shitakes frescos)

Calorias	110
Proteínas	3,1 g
Carboidratos	28,6 g
Vitamina C	0,6 mg
Gordura	0,438 g
Fibras	8 g
Niacina	3 mg

Embora 90% de seu peso seja correspondente à água, a qualidade de proteínas nesse tipo de cogumelo é superior à cenoura, milho, batatas e tomates, e alguns nutricionistas chegam a afirmar que suas propriedades terapêuticas se igualam ao de um cogumelo medicinal, vendido no Brasil a preço de ouro. O shitake tem a vantagem de custar menos e, além de tudo, ser delicioso.

E tem se tornado, por sua versatilidade, uma presença cada vez mais constante nas cozinhas brasileiras, podendo ser apreciado de diversas maneiras, como se pode ver nas receitas incluídas neste livro.

RECEITAS QUE TÊM O SHITAKE COMO INGREDIENTE PRINCIPAL

- Shitake com frango e legumes 62
- Nhoque de mandioquinha com molho de shitake 89
- Salmão com molho shimeji acompanhado de shitake 97
- Panqueca de shitake 123
- Shitake abafado 126
- Shitake ao molho de capim-limão 127
- Shitake empanado 127
- Shitake grelhado 127
- Salada verde com shitake e brotos 142
- Sopa de shitake 170
- Sopa de shitake com tofu 170

BROTOS: PLANTANDO E COLHENDO SAÚDE

É antiga a utilização de brotos como ingrediente na culinária asiática – sobretudo chinesa e japonesa –, mas só recentemente começou a ser mais familiar em nossa cozinha. O fato é que, até há alguns anos, eram encontrados apenas em lojas de produtos naturais, mas, atualmente, brotos de feijão, alfafa e brócolis, entre outros, são facilmente comprados em feiras, supermercados e pequenos comércios. E o que é melhor: podem ser cultivados em sua própria casa, uma vez que o plantio é simples, exige pouco espaço e produz em pouco mais de uma semana.

Com sabor suave, saudáveis e de fácil digestão, são ricos em nutrientes porque, segundo alguns naturistas, concentram, ao mesmo tempo, o vigor da planta jovem e o seu florescimento, sendo, portanto, a *essência* da planta. Não há dúvida, porém, de que são uma delícia e, além de tudo, versáteis, pois podem ser consumidos crus, em saladas, cozidos e refogados, como acompanhamento e muitas vezes até como prato principal. Cultivados na água, são totalmente higiênicos, produzidos em ambiente limpo, protegido, sem nenhum contato com o solo ou com insetos.

Agora, algumas dicas para quem quer cultivar brotos em casa.
1. Selecione e lave uma quantidade correspondente a uma colher de sopa de grãos ou sementes de legumes (que podem ser adquiridos em casas de produtos naturais). É importante lembrar que o plantio de brotos deve ser feito apenas com sementes específicas para esse fim. Não misture as sementes e grãos: cada variedade deve ser cultivada separadamente.

2. Coloque as sementes ou grãos num vidro transparente com tampa perfurada. Esse equipamento é também encontrado em casas de produtos naturais, mas você mesmo pode fazê-lo, utilizando, por exemplo, os copos com tampa de plástico que acondicionam produtos como geleias e, mesmo, requeijão cremoso. Uma alternativa, bastante prática, é utilizar um escorredor de macarrão, colocando primeiramente as sementes e grãos na parte não furada.

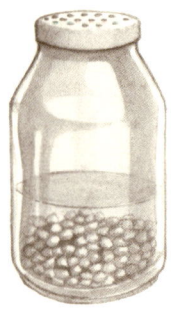

3. Após colocar as sementes ou grãos no vidro transparente ou no escorredor, conforme indicado acima, cubra-as com água filtrada ou destilada. Decorrido o tempo necessário para que cada uma das sementes ou grãos fique "de molho" (consulte a tabela na pág. 19) escorra a água virando o copo com os furinhos ou deslocando as sementes e grãos para o outro lado com furos do escorredor (no caso de optar por essa forma), cobrindo o vidro ou o escorredor com um pano escuro, para evitar que os brotos fiquem verdes antes da hora. Molhe as sementes ou grãos três vezes ao dia, não esquecendo de escorrer a água e cobri-las novamente. Essa fase deve consumir cerca de dois dias do tempo total indicado para brotar (ver tabela).

4. Na fase seguinte, por volta do terceiro dia, as sementes já começam a brotar e é hora de deixá-las num ambiente iluminado, com luz natural ou fluorescente, enxaguando menos à medida que os brotos forem crescendo. Passado o tempo necessário para cada variedade, quando os brotos estiverem com sete ou oito centímetros, já podem ser colhidos. Coloque num saco plástico e conserve em geladeira.

Tabela de molho e tempo de brotar

	Tempo de molho (Tempo no escuro)	Tempo de brotar
Alfafa	entre 5 e 8 horas	3 a 5 dias
Arroz	entre 10 e 12 horas	3 a 4 dias
Centeio	entre 10 e 12 horas	2 a 3 dias
Ervilha	entre 10 e 12 horas	2 a 3 dias
Feijão (moyashi)*	entre 9 e 12 horas	5 a 7 dias
Gergelim	entre 8 e 10 horas	3 a 4 dias
Girassol	entre 5 e 8 horas	2 a 3 dias
Grão de bico	entre 10 e 12 horas	2 a 3 dias
Lentilha	entre 10 e 11 horas	2 a 3 dias
Milho	entre 12 e 15 horas	3 a 5 dias
Mung	entre 10 e 12 horas	2 a 3 dias
Rabanete	entre 5 e 8 horas	3 a 5 dias
Trigo	entre 10 e 12 horas	7 a 9 dias

* Para a retirada das casquinhas do feijão, depois que ele brotou e está pronto para o consumo, coloque os brotos em vasilhame grande cheio de água e agite-os. Depois, basta retirar as casquinhas que ficarem boiando.

Receitas que têm os brotos como ingredientes principais

- Broto de bambu com palmito 115
- Falso macarrão com broto de feijão 119
- Manga grelhada com broto de alfafa 122
- Salada de brotos de feijão com cenoura 135
- Salada de brotos de feijão com pepino 135
- Salada de legumes com broto de feijão 138
- Salada verde com shitake e brotos 142
- Sopa de shitake com tofu 170
- Suco de laranja com broto de repolho 181

COMIDA BEM TEMPERADA

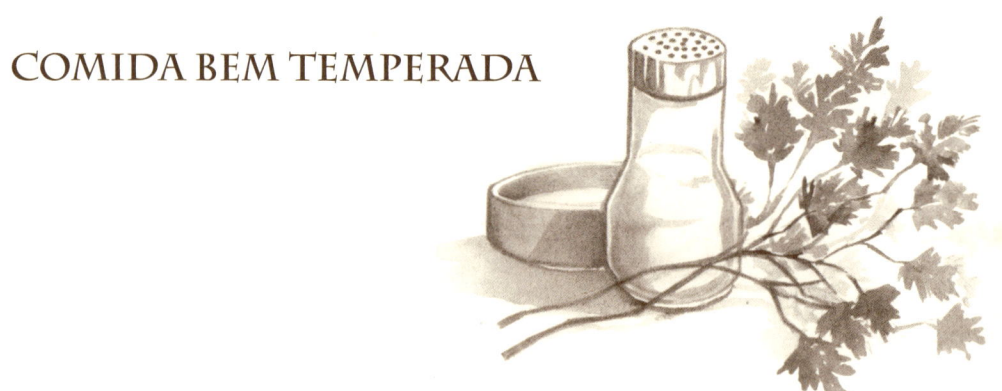

CONTRA A HIPERTENSÃO, SUBSTITUINDO O SAL POR TEMPEROS E MOLHOS

A partir do momento em que o homem começou a preparar a sua comida – após a descoberta do fogo, quando de fato se dá o início da civilização humana –, podemos supor que ele começou a fazer uso de algum tipo de tempero para acentuar ou aprimorar o sabor dos alimentos, e também para conservá-los por mais tempo. Os temperos, aliás, estão presentes até como motivadores das grandes navegações dos séculos XV e XVI – que possibilitaram a descoberta do Novo Mundo –, uma vez que o objetivo inicial era procurar a melhor rota para trazer as especiarias (temperos) da Índia.

Pode-se ver, então, a importância que o poder aromatizador e conservante de muitas ervas, hortaliças, sementes, grãos e molhos têm na gastronomia e na História. E, além de deliciosos e úteis, esses temperos podem exercer um importante papel terapêutico. Vejamos, por exemplo, o caso da hipertensão. Ao lado do controle através de medicamentos e de hábitos salutares, como fazer exercícios, é fundamental para a pessoa que tem pressão alta manter uma alimentação equilibrada – isenta de comidas gordurosas – e diminuir, ou mesmo eliminar, o sal de sua dieta. Mas é muito difícil fazer isso, pois, para muitos, excluir o sal é como tirar o gosto do alimento, o que, naturalmente, não é verdade.

É aí que entra o tempero. Um prato bem temperado pode muito bem prescindir do sal, dada a variedade de sabores que se pode combinar, conforme a exigência da receita ou a preferência pessoal, de modo que se tenha, ao final, um alimento rico de aromas e gostos.

As receitas deste livro já apresentam sugestões adequadas de temperos para cada um dos pratos, mas você poderá fazer uso da "alquimia" dos temperos e, criando suas próprias combinações, descobrir a *sua* forma de temperar os pratos, enriquecendo a culinária natural incluída nestas páginas.

Por essa razão, você encontrará, a seguir, informações sobre alguns dos principais temperos, com indicações de suas combinações com ingredientes e pratos. Há um mundo de sabores para você descobrir e desfrutar.

Bom tempero!

Açafrão: de uso frequente na culinária mediterrânea – principalmente para dar a cor amarelo-ouro a determinados pratos, como o risoto e a *paella* –, o açafrão é cada vez mais usado na cozinha brasileira, e pode enriquecer muitos pratos vegetarianos. Experimente-o no arroz integral.

Açafrão-da-terra ou **cúrcuma**: o escritor francês Blaise Cendras (que viveu uns tempos no Brasil) dizia que as culinárias mais gostosas do mundo eram a chinesa e a baiana. Pois o açafrão-da-terra é utilizado em ambas, o que já é uma grande credencial para esse tempero, que também colore os pratos de amarelo.

Aceto balsâmico: termo italiano para *vinagre balsâmico* (ver pág. 26).

Aipo ou **salsão**: de sabor destacado, esta hortaliça era, na Antiguidade grega, considerada sagrada e símbolo de nobreza. Suas folhas são utilizadas para temperar caldos ou sopas e seu talo pode ser consumido cru em saladas ou em refogados.

Aji-no-moto: conhecida marca de *glutamato monossódico* (ver pág. 24).

Alcaparra: o forte sabor desse tempero – que, aliás, é a flor de uma planta do mediterrâneo, mas já cultivada no Brasil – cai bem em molhos, carnes (sobretudo peixes e frutos do mar) e saladas. A carne de soja ganha um toque especial com seu uso moderado.

Alcarávia: outra designação do cominho-armênio.

Alecrim: fornecendo um gosto acentuado aos alimentos, o alecrim dá sabor especial aos pratos mais variados, como sopas, aves, peixes, ensopados e grelhados. Cai bem, igualmente, em patês, saladas e molhos.

Alfavaca: com um sabor semelhante ao do manjericão, é comum seu uso em diversos pratos da cozinha italiana, sendo particularmente utilizada como aromatizadora de vinagres e, portanto, em saladas.

Alho: consulte o texto especialmente dedicado ao alho na página 13.

Alho-poró: tem sabor muito parecido ao da cebola, embora mais suave e adocicado. Combina bem com pratos feitos com cogumelo (experimente-o com shitake) e, igualmente, em sopas, saladas, pratos de peixes.

Allspice: *pimenta da Jamaica* (ver pág. 25).

Azeite de dendê: fundamental em toda a culinária baiana, este azeite é extraído do coqueiro de dendê, também chamado de dendezeiro. Seu uso moderado em pratos vegetarianos já se revelou bastante atraente.

Basilico: termo italiano para *manjericão* (*ver pág. 24*).

Basilicão: *alfavaca* (*ver pág. 21*)

Baunilha: originária do México e levada para a Europa pelos conquistadores espanhóis em meados do século XVI, a baunilha é uma fruta tropical cuja essência é amplamente utilizada em pudins, doces, bolos e sorvetes.

Beldroega: é uma planta brasileira de flores brancas, com tons rosa, que necessita de umidade para florescer e, por isso, é mais frequente em nosso litoral. É usada em saladas e sopas.

Cajun: tempero argentino, frequente na chamada culinária *creola*, é uma combinação de páprica, sal, estragão, alho, cebola, pimenta-do-reino, salsa, canela, tomilho e pimenta calabresa.

Canela: oriunda do Ceilão, mas também amplamente cultivada na América do Sul e na Índia, tem seu uso, em forma de pó ou de pau, sobretudo em bolos e doces, mas combinando, igualmente, com alguns pratos salgados.

Cardamomo: da família do gengibre, este condimento de sabor forte, originário da Índia, entra na composição do curry. Pode ser usado com moderação em carnes, sopas, saladas, e também em pratos doces, como bolos, tortas e pudins, além de combinar com o café árabe.

Cari: termo espanhol para *curry* (*ver pág. 23*).

Caril: nome genérico da mistura de diversos condimentos asiáticos, constituindo uma variação do curry. Usado na culinária indiana e também na tailandesa, sendo essa a que utiliza combinação mais picante, pois compreende gengibre, alho e pimenta-do-reino, entre outros ingredientes.

Cebolinha-verde: introduzida no Brasil pelos portugueses, fornece toque especial a pratos salgados como omeletes, carnes, peixes, refogados, sopas e também no molho vinagrete.

Cebolinhas-verdes japonesas (negui, wakegui e asatsuki): variedades de cebolinha muito frequentes na cozinha japonesa. O negui e o wakegui são indispensáveis no sukiyaki e em outros pratos preparados à mesa (nabemono). Das três, a asatsuki é a cebolinha-verde mais delicada, de sabor leve e aroma muito suave e pode ser usada para decorar sopas.

Cerefólio: um dos componentes da combinação de Ervas Finas (Fines Herbs), é parecida com a salsinha, mas com sabor semelhante ao anis. É um tempero utilizado em sopas, consomês, omelete, saladas, molhos e peixes.

Cheiro-verde: é junção da salsa com a cebolinha, e, eventualmente, com o louro, utilizados para realçar sabores de patês, molhos, refogados e também nas saladas.

Chili: pimenta *chili* (*ver pág. 25*).

Coentro: Com largo uso na culinária nordestina e também na do Espírito Santo (onde não pode faltar na moqueca capixaba), o coentro era uma erva já utilizada na Grécia antiga. É indicada para condimentar sobretudo peixes, mas também aves, enriquecendo sobremaneira diversos pratos da cozinha natural. Como tem sabor acentuado, esta erva deve ser usada com moderação e adicionada sempre no final do cozimento.

Colorau: extraído do urucum e também chamado de colorífico, é tradicional na cozinha brasileira, e como seu sabor não é acentuado, é utilizado mais para dar cor aos alimentos.

Cominho: erva originária do Egito, faz parte da composição do curry e é usada como tempero em peixes e frango, molhos, queijos etc., sendo frequente em cozinhas tão variadas como a indiana e a mexicana.

Cravo-da-índia: embora, como o próprio nome diz, seja originária da Índia, é conhecido no Egito e China desde 600 a.C. Muito utilizado em doces, chás, assados, bebidas, molhos, biscoitos, compotas e picles.

Curry: também conhecido como masala (*ver pág. 24*), é o condimento mais tradicional da culinária indiana, sendo uma combinação (que varia de acordo com a região) de diversas ervas e especiarias, dentre elas o cominho, a pimenta, o coentro, a cebola, a mostarda, o cardamomo e o gengibre. É muito usado em pratos de frango, carnes, peixes, camarões, arroz e molhos e pode enriquecer os pratos naturais, desde que utilizado de forma comedida.

Daikon (nabo comprido): é uma raiz de uso corrente na culinária japonesa, por exemplo, como tempero para o sashimi, mas também em picles, ralado cru, e em molho de vinagre.

Dashi: (molho de peixe): é o líquido retirado das anchovas salgadas e fermentadas. Um tempero/ingrediente essencial nas cozinhas tailandesa, japonesa e vietnamita.

Endro: o mesmo que Aneto e Dill.

Erva-doce: originária do Egito, fornece a essência do anis e é muito utilizada em bolos, doces em calda, pães etc., e também na fabricação de licores e xaropes. Como chá, tem propriedades digestivas.

Ervas finas: mistura de salsa, cerefólio, estragão e cebolinha verde. Utilizada (no final do cozimento) no preparo de peixes, aves, carnes, vegetais refogados, molhos de tomate, mas também em saladas.

Estragão: erva muito aromática, de sabor forte e picante. Suas folhas são utilizadas frescas ou secas em molhos e para temperar peixes, aves, especialmente frango, e, igualmente em omeletes e saladas de queijos brancos.

Fines herbes: termo em francês para *Ervas Finas* (*ver acima*).

Funghi secchi: cogumelos secos do tipo Bolletus, tradicional da cozinha italiana, integrando massas e carnes.

Gengibre: de origem africana, é uma raiz de uso amplo em bebidas quentes, pães, biscoitos, carnes, aves, batata-doce, cenoura e outros vegetais, bolos e pratos orientais. É um condimento picante, extraído da raiz da planta de mesmo nome.

Gergelim: típico da cozinha árabe, tem um suave sabor de nozes e é atualmente bastante utilizado para temperar os pratos da gastronomia mais naturalista. Combina naturalmente na composição de pães, biscoitos e massas em geral.

Glutamato monossódico: obtido a partir da fermentação da cana-de-açúcar (e também da beterraba, milho e trigo), é um realçador de pratos salgados, sobretudo peixes, aves e molhos. Algumas pessoas são alérgicas a esse condimento, recomendando-se, portanto, atenção em seu uso.

Hondashi: tempero à base de peixe.

Hortelã: originária da Inglaterra, a hortelã é utilizada em pratos árabes, licores, doces, chás, saladas, sopas, molhos, além de drinques.

Kümmel: de sabor adocicado, as sementes desta planta são usadas em pães, bolos, biscoitos e em pastéis e também em queijos fortes, embutidos, patês e saladas de legumes.

Louro: como diversos outros condimentos fundamentais, é originário do Mediterrâneo e muito usado nos mais variados pratos salgados e também em molhos e conservas. Faz ótima combinação com o tomilho e a salsa.

Macis: é a casca da noz-moscada, com sabor menos acentuado do que aquela.

Manjericão: fresco ou seco é uma erva fundamental em diversas culinárias (entre elas, a italiana) em molhos, carnes, sopas, peixes, pizzas, na maioria das receitas com tomates, recheios de massas, macarrão, risotos e saladas. Com sabor forte e característico, pode enriquecer sobremaneira diversos ingredientes da culinária natural, entre eles a carne de soja e o tofu.

Manjerona: originária do Oriente, com sabor e aroma próximo ao do orégano, embora seja considerada mais sofisticada. A manjerona é usada em queijos, ovos, aves, peixes ensopados, molho de tomates, pizzas, vegetais, ovos e pães.

Marinada: *vinha-d'alhos (ver pág. 26).*

Masala: *curry (ver pág. 23).*

Missô: tradicional da culinária japonesa, é uma massa ou pasta de soja fermentada que dá toque especial a sopas, conservas, molhos, grelhados, entre outros pratos.

Molho de ostra: frequente na culinária chinesa tradicional, trata-se de um concentrado de ostras cozidas em molho de soja e água salgada. Tem cor marrom-escura e um sabor acentuado, sendo usado não apenas no prato, mas também como tempero à mesa.

Mostarda: planta que fornece condimento tanto a partir de suas folhas, secas e moídas, quanto através de seus grãos. Dá nome também ao molho composto em conjunto com vinagre, sal e substâncias aromatizadas; seu sabor picante entra na preparação de picles, comida alemã (salsichas e chucrute) e sanduíches em geral.

Nan pla: É molho de peixe da cozinha tailandesa, de uso constante naquela culinária, tanto em pratos salgados quanto doces.

Nan prik: molho de camarão, também tradicional da culinária tailandesa, sendo usado de maneira ampla.

Nirá: é a folha de alho.

Noz-moscada: também originária do Oriente, é muito versátil e combina com pratos salgados e doces, podendo ser adquirida em pó ou inteira, para ser ralada. Indispensável no molho branco (bechamel), seu sabor diferente também dá toque especial a marinados, assados, legumes, massas e mesmo em doces e pães.

Orégano: um dos ingredientes mais típicos da culinária italiana e de toda a cozinha mediterrânea, esta erva tempera especialmente molhos de tomate que acompanham pratos como massas e pizzas em geral e todos à parmegiana. Também pode ser usado em caldos de verdura, em carnes, peixes e aves. Originário do Mediterrâneo.

Papoula: sementes utilizadas em saladas, biscoitos, *strudel*, ovos mexidos, patês, salgadinhos e pães, além de doces, bolos e compotas, proporcionando um sabor de amêndoa.

Páprica: frequente nas culinárias espanhola e húngara, apresenta-se em duas variedades: a picante – utilizada em peixes, aves e molhos – e a doce, mais suave, em ensopados, patês, saladas, carnes, aves e no *goulasch*. É adquirida em forma de pó avermelhado.

Pimenta-branca: extraída da pimenta-do-reino, tem sabor mais suave que a preta e é utilizada em pratos mais claros como molho branco, carnes brancas e maioneses.

Pimenta-caiena: especiaria extremamente picante, parte da família da pimenta-malagueta. Natural da América Central, pode ser encontrada ao natural ou seca e é largamente utilizada em queijos e pratos de peixe, apesar de acompanhar bem qualquer tipo de carne.

Pimenta-chili: planta da família do pimentão, de uso corrente na culinária mexicana, notadamente nos pratos de carne. Seu sabor é picante e o fruto costuma ser usado inteiro, moído ou seco.

Pimenta-da-jamaica: usada em sopas, molhos, marinados, bebidas e picles. Moída, pode ser utilizada em bolos, biscoitos, sorvetes, pudins, molho para churrasco e picles de ovos. Assemelha-se a grandes grãos de pimenta, mas seu gosto lembra o sabor de uma mistura de noz-moscada, macis, canela e cravo-da-índia.

Pimenta-do-reino: um dos condimentos mais importantes da gastronomia (pois além de seu sabor característico e picante, tem o poder de realçar o sabor dos alimentos, desde que usada com moderação) a pimenta-do-reino pode ser apreciada nos mais diferentes pratos e molhos, peixes, carnes brancas e marinados.

Pimenta-vermelha: indispensável na culinária mexicana, também está presente na culinária brasileira e italiana, em pratos, complementos e guarnições como molhos de tomate, aves, peixes, frutos do mar, patês, pizzas e saladas.

Piripiri: pimenta bastante usada na culinária portuguesa, é conhecida nos Estados Unidos como *hot red pepper*.

Raiz-forte: o mesmo que *wasabi* (*ver abaixo*).

Rosmarino: termo italiano para *alecrim* (*ver pág. 21*).

Salsa: integra a "equipe" do cheiro-verde, junto com a cebolinha e é usada em molhos, sopas, saladas, pratos com carnes, aves e peixes.

Salsão: o mesmo que *aipo* (*ver pág. 21*).

Sálvia: originária do sul da Europa, erva usada na culinária como tempero para carnes, mas também em queijos, recheios diversos, saladas, molhos, vinha-d'alhos e pratos da cozinha italiana.

Shoyu: não se pode falar das culinárias chinesa e japonesa sem incluir o shoyu, feito através da fermentação da soja com farinha de trigo e água, que depois é envelhecida e destilada para fazer o molho. Há dois tipos de molho de soja: o leve e o escuro, este, de sabor mais acentuado que o outro.

Tomilho: usado – geralmente é seco – em recheios, sopas, aves, peixes e frutos do mar. Dá personalidade a patês, ensopados de legumes, vinagretes de alho e como aromatizador de molhos e vinagres.

Vinagre balsâmico: vinagre preparado com uvas maduras e envelhecido em barris de carvalho. Usado para temperar carnes, aves, peixes e em molhos.

Vinagrete (molho à): mistura de vinagre, água e óleo em partes iguais, à qual se junta salsinha, cebola, tomate e, às vezes, pimentão. Usado para temperar carnes, aves, peixes e vegetais, ou como acompanhamento. Também conhecido como Molho à Campanha (principalmente no estado do Espírito Santo, Brasil).

Vinha-d'alhos: mistura de vinagre, suco de limão ou vinho e mais uma série de temperos, usada para temperar e amaciar as carnes, peixes e aves. O mesmo que marinada.

Wasabi: tradicional da cozinha japonesa, trata-se de uma raiz apimentada e de aroma muito forte, também chamada de raiz-forte. Pode ser encontrada em pasta pronta para ser usada ou em pó (neste caso deve ser dissolvida na água para formar uma pasta). É usada no sashimi, no sushi e em molhos japoneses como o aemono.

SUCOS NATURAIS: MENOS CALORIAS E MAIS SAÚDE

Os sucos naturais possuem vitaminas, sais minerais e fibras que colaboram para a saúde porque podem evitar e tratar doenças, como colesterol, pressão alta, câncer e gripe, auxiliar na disposição física e desintoxicar o organismo. Geralmente, eles são alimentos de baixo valor calórico, exceto quando recebem adição de mel, açúcar (branco ou mascavo), leite, granola, aveia, castanhas, entre outros produtos.

Você pode acrescentar folhas, como a couve e o agrião, e algumas hortaliças (cenoura, beterraba, pimentão e pepino) nos sucos de frutas, o que aumenta suas propriedades nutricionais. Este livro mostra a você como fazer suco de couve enriquecido com tangerina, que possui cálcio, fósforo e vitamina A; suco de cenoura com pimentão, que tem vitaminas A e C, e muitas outras misturas saborosas.

Depois de eventuais excessos nas refeições, os sucos podem ser um importante aliado para quem quer desintoxicar o organismo e ganhar mais disposição. Neste caso, uma boa pedida é o suco de cenoura, beterraba e pepino, que fornece fibras ao organismo, além de vitamina C. Outro suco que colabora para aumentar o "pique", a disposição física, é o "suco turbinado" com cenoura, abacaxi, laranja, gengibre e mel. Essa mistura é muito energética, nutritiva (possui muitas vitaminas e minerais), além de ser antioxidante, combater infecções e ajudar na prevenção de doenças cardiovasculares.

Neste livro, você também encontra receitas de sucos acrescidos de um potente hidratante para o corpo – a água de coco. Além de ter poucas calorias, ela é ideal para quem quer manter a forma e faz exercícios físicos. É rica em potássio, que regula as atividades neuromusculares, previne e alivia a hipertensão arterial, entre outros benefícios para o organismo.

É importante lembrar que os sucos devem ser consumidos em, no máximo, 30 minutos após o preparo, para que suas propriedades nutritivas sejam aproveitadas.

FRUTAS E VERDURAS

ORIENTANDO-SE PELA SAFRA

Tudo tem o seu tempo certo e isso não poderia ser diferente com frutas e hortaliças. Há determinadas épocas em que elas estão mais saborosas e baratas. Assim, observe abaixo, os melhores meses de compra das mais comuns, numa orientação válida para a maior parte das regiões do país.

FRUTAS

- Abacate – de março a agosto
- Abacaxi havaí – de janeiro a fevereiro
- Abacaxi pérola – de julho a outubro
- Acerola – de maio a junho e de setembro a outubro
- Ameixa – de novembro a dezembro
- Banana-maçã – de março a agosto
- Banana-prata – de setembro a dezembro
- Cajá – de maio a junho
- Caju – de novembro a fevereiro
- Caqui – de março a junho
- Coco-verde – de janeiro a fevereiro
- Figo – de novembro a abril
- Fruta-do-conde – de março a abril
- Goiaba – de março a abril e de julho a agosto
- Graviola – de julho a agosto
- Jabuticaba – de julho a outubro
- Jaca – de março a junho
- Kiwi – de janeiro a fevereiro
- Laranja-pera – de janeiro a fevereiro e de setembro a outubro
- Maçã – de maio a junho
- Mamão – de maio a junho
- Manga haden – de setembro a fevereiro
- Maracujá – de novembro a fevereiro
- Melancia – de setembro a dezembro
- Melão amarelo – de novembro a abril
- Morango – de maio a outubro
- Pêssego – de novembro a dezembro
- Pitanga – de julho a agosto
- Tangerina-cravo – de janeiro a junho
- Tangerina-murcote – de julho a dezembro
- Tangerina-poncã – de maio a junho
- Tamarindo – de julho a outubro
- Uva itália – de novembro a abril

Legumes e verduras

- Abóbora-japonesa – de setembro a outubro
- Abóbora-moranga – de julho a agosto
- Abobrinha – de setembro a abril
- Acelga – de maio a abril e de julho a agosto
- Agrião – de janeiro a junho e de setembro a outubro
- Alcachofra – de julho a outubro
- Almeirão – de maio a junho e de setembro a dezembro
- Aspargo – de janeiro a fevereiro
- Batata-doce – de maio a agosto
- Berinjela – de janeiro a fevereiro
- Beterraba – de setembro a fevereiro
- Brócolis – de maio a dezembro
- Couve – de janeiro a fevereiro e de maio a setembro
- Couve-flor – de setembro a dezembro
- Chuchu – de maio a abril
- Escarola – de julho a agosto
- Espinafre – de setembro a abril
- Inhame – de maio a junho
- Mandioca – de maio a agosto
- Mandioquinha – de julho a agosto
- Maxixe – de janeiro a fevereiro e de julho a agosto
- Milho-verde – de maio a agosto
- Mostarda – de novembro a dezembro
- Pinhão – de maio a junho
- Quiabo – de novembro a junho
- Rúcula – de maio a abril
- Vagem – de setembro a fevereiro

TABELA DE EQUIVALÊNCIAS DE PESOS E MEDIDAS

Equivalência dos líquidos

1 litro	1.000g ou 4 copos americanos	1.000ml
1 xícara de chá	16 colheres de sopa	240ml
1 colher de sopa	3 colheres de chá	15ml
1 colher de chá	1/3 de colher de sopa	5ml
1 colherinha de café	1/2 de colher de chá	2,5ml

Peso e medida dos ingredientes

1 xícara de chá (250ml) de açúcar	160 gramas
1 xícara de chá de farinha	120 gramas
1 xícara de chá de amido de milho	120 gramas
1 xícara de chá de banha ou manteiga	200 gramas
1 colher de sopa de banha ou manteiga	50 gramas
1 colher de sopa de açúcar	30 gramas
1 colher de sopa de amido de milho	25 gramas
1 colher de sopa de farinha	25 gramas
1 colher de sopa (rasa) de sal	5 gramas
1 colher de chá (rasa) de fermento	5 gramas
1 xícara de chá (rasa) de chocolate em pó	90 gramas
1 xícara de chá de queijo ralado	120 gramas
1 xícara de chá de queijo tipo minas	240 gramas
1 xícara de chá de mel	190 gramas
1 xícara de chá de chocolate em barra picado	180 gramas
1 xícara de chá de coco natural ralado	100 gramas
1 e 1/3 xícara de coco seco ralado	100 gramas
1 xícara de creme de leite azedo	240 gramas
1 xícara de açúcar de confeiteiro	100 gramas
4 batatas comuns médias	½ quilo

4 tomates médios	½ quilo
3 maçãs médias	½ quilo
3 bananas médias	½ quilo
3 xícaras de morango	½ quilo

Temperaturas de forno

Forno bem quente	de 240° a 275°C
Forno quente	de 200° a 230°C
Forno médio (regular)	de 175° a 190°C
Forno baixo (brando)	de 140° a 150°C

ANTEPASTOS

CATCHUP

18 tomates grandes maduros
1 colher (de sopa) de vinagre de maçã
1 colher (de sobremesa) de sal
6 colheres (de sopa) de açúcar mascavo

Em uma panela coloque os tomates, o sal e o açúcar mascavo e deixe em fogo alto, semitampado por 20 minutos. Adicione o vinagre e cozinhe por mais 8 minutos. Deixe esfriar e bata tudo no liquidificador. Passe por peneira e guarde na geladeira.

CATUPIRY COM ERVAS E ALHO

1 queijo catupiry
½ xícara (de chá) de azeite
12 dentes de alho
1 colher (de café) de sal
páprica picante a gosto
4 colheres (de sopa) de salsa desidratada
2 colheres (de sopa) de orégano desidratado

Em um prato fundo, coloque a salsa, o orégano e o sal. Misture bem. Passe o catupiry nesse tempero por igual; deixe o catupiry bem verdinho. Aperte o tempero levemente com as mãos. Passe para uma travessinha funda onde será servido. Reserve. Em uma panelinha, doure o alho no azeite (cuidado para não deixá-lo muito branco, pois ficará com gosto de cru e também não deixe ficar muito escuro para que não fique amargo), tire do fogo e jogue o alho fervendo sobre o queijo. Salpique a páprica, um pouco de sal a gosto. Sirva com pão italiano ou torradas.

CREMES

CREME DE ALICHE LIGHT

100g de aliche light
½ xícara (de chá) de maionese light
½ xícara (de chá) de iogurte desnatado
1 colher (de chá) de catchup
1 colher (de chá) de molho inglês
1 colher (de sopa) de salsinha picada bem fininha (ou usar a salsinha desidratada)

Desfie e amasse bem o aliche. Junte a maionese, o iogurte, o catchup e o molho inglês. Mexa bem e por último junte a salsinha. Leve à geladeira em um recipiente fechado até a hora de servir.

CREME DE BATATAS PARA SANDUÍCHES

3 batatas inglesas grandes descascadas
½ colher (de sobremesa) de sal
5 colheres (de sopa) de suco de limão
5 colheres (de sopa) de azeite de oliva
4 colheres (de sopa) de mostarda

Cozinhe as batatas em uma panela com água e sal. Bata no liquidificador as batatas ainda quentes com os demais ingredientes e adicione um pouco da água quente do cozimento. Sirva com pão integral e folhas de alface. Esse creme pode substituir a maionese nas saladas de batatas.

CREME DE LIMÃO

1 xícara (de chá) de iogurte desnatado
2 colheres (de chá) de raspas da casca do limão
3 colheres (de sopa) de suco de limão
1 xícara (de chá) de tofu (queijo de soja) fresco (ver pág. 41)
1 xícara (de chá) de queijo tipo minas amassado

Bata todos os ingredientes no liquidificador até formar um creme. Coe a mistura em um coador bem fino. Dispense o soro, despeje em uma tigela, cubra com plástico e deixe na geladeira até a hora de servir.

CONSERVAS

BERINJELA EM CONSERVA

3 berinjelas fatiadas
12 azeitonas pretas descaroçadas e cortadas em fatias
1 colher (de sobremesa) de alecrim seco
1 colher (de sobremesa) de orégano seco
1 colher (de sobremesa) rasa de sal
1 colher (de sobremesa) de molho de pimenta vermelha

6 dentes de alho amassados
½ xícara (de chá) de vinho branco
6 colheres (de sopa) de azeite

Em uma panela, leve ao fogo as berinjelas, as azeitonas, o alecrim, o orégano, o sal, a pimenta e o alho. Regue com o vinho e o azeite. Tampe e cozinhe até o vinho evaporar. Espere esfriar e coloque em um recipiente fechado. Deixe apurar por 12 horas. Pode ser guardado por até 10 dias. Sirva com pão italiano, torradas etc.

SOJA EM CONSERVA

100g de soja em grão sem casca
1 colher (de chá) de sal
200ml de vinagre de maçã

Em um pote de vidro de tamanho médio e com tampa, coloque a soja, o sal e cubra com o vinagre. À medida que a soja embeber o vinagre, coloque mais de forma que a soja fique sempre coberta com o vinagre. Sirva no acompanhamento de outros pratos. Além de nutritiva, a soja ajuda a diminuir o colesterol e o calor da menopausa.

MAIONESES

MAIONESE DE SOJA (I)

1 xícara (de chá) de água
¼ de xícara (de chá) de extrato de soja
2 colheres (de sopa) de amido de milho
Sal a gosto
¼ de xícara (de chá) de azeite

Misture bem a água, o sal, o amido de milho e o extrato de soja em uma panela e leve ao fogo. Deixe ferver até ficar cremoso. Tire do fogo. Depois de frio, bata no liquidificador, acrescentando aos poucos o azeite até que fique com a consistência de maionese.

MAIONESE DE SOJA (II)

1 xícara (de chá) de extrato de soja
3 colheres (de sopa) de suco de limão
1 xícara (de chá) de óleo de canola
Sal a gosto

Bata no liquidificador o extrato com o sal, adicione o óleo aos poucos e vá batendo sem parar; por último junte o limão. Deixe na geladeira 1 hora antes de usar. Guarde em pote tampado.

MAIONESE LIGHT

½ copo de queijo cottage
1 colher (de chá) rasa de sal
Óleo de milho

Bata no liquidificador o queijo cottage e o sal. Derrame um fio de óleo aos poucos sem parar de bater até que adquira a consistência de creme.

MAIONESE SEM OVOS, COM CENOURA

1 cenoura média
½ copo de leite
1 colher (de chá) de sal
2 colheres (de chá) limão
Óleo de milho ou canola: ½ xícara mais ou menos

No liquidificador, bata a cenoura cortadinha, o leite, o sal e o limão, sem parar de bater. Acrescentando o óleo vagarosamente até obter a consistência de maionese.

MOLHOS

MOLHO DE ABACATE

1 abacate amassado
1 pote de iogurte natural
3 colheres (de sopa) de maionese caseira ou light
1 cebola ralada
salsinha picadinha
Sal a gosto

Misture o abacate com o iogurte, a maionese, a cebola e o sal, por último a salsinha. Conserve em geladeira. Sirva com peixes, camarões, hambúrguer etc.

MOLHO DE ABÓBORA COM ALHO

200g de abóbora cozida
4 colheres (de sopa) de requeijão light (ver pág. 42)
3 dentes de alho amassados
Sal e pimenta-do-reino a gosto

Cozinhe a abóbora, escorra e amasse. Misture com os outros ingredientes.

MOLHO AGRIDOCE

1kg de tomates sem sementes picados em cubos
3 cebolas grandes cortadas à juliana
4 colheres (de sopa) de açúcar

Misture esses três ingredientes. Reserve por três horas, mexendo de vez em quando. Passado este tempo acrescente:

½ xícara (de chá) de vinagre de maçã
3 colheres (de sopa) de gengibre ralado
Pimenta calabresa moída a seu gosto
Sal a gosto.

Sirva com saladas verdes. Se guardado em vidro bem fechado e conservado em geladeira, este molho pode ser consumido em até 15 dias.

MOLHO DE ALHO COM RICOTA

300g de ricota fresca amassada
1 lata de creme de leite light
1 cenoura grande cortada
5 dentes de alho
10 azeitonas verdes
Salsinha picada
Sal a gosto

Bata todos os ingredientes no liquidificador.

MOLHO DE ANCHOVAS

1½ xícara (de chá) de maionese light (ver pág. 35)
100g de anchovas em filé
1 colher (de sopa) de cebola picadinha
1 colher (de sopa) de salsa picadinha
1 colher (de café) de sal
1 colher (de café) de pimenta-do--reino

Amasse as anchovas com um garfo e misture os demais ingredientes.

MOLHO DE BETERRABA

3 beterrabas grandes cozidas e picadas miudinhas
1 dente de alho
2 colheres (de sopa) de cebola
2 colheres (de sopa) de vinagre de maçã
½ xícara (de chá) de maionese light (ver pág. 35)
1 colher (de café) de açúcar mascavo
1 colher (de café) de pimenta-do--reino
2 colheres (de chá) de sal

Bata a metade da beterraba com os demais ingredientes no liquidificador até obter a consistência de creme e misture este creme com o restante da beterraba picada.

MOLHO DE BETERRABA COM ALHO

3 beterrabas pequenas cozidas
4 dentes de alho
3 colheres (de sopa) de maionese light (ver pág. 35)
½ pacotinho de creme de leite light
2 colheres (de sopa) de cebolinha picada
Sal a gosto

Cozinhe as beterrabas, descasque--as e bata-as no liquidificador. Junte o restante dos ingredientes. Conserve na geladeira. Sirva com torradas.

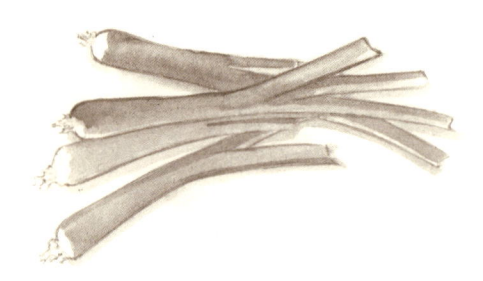

MOLHO DE CEBOLINHAS EM CONSERVAS

- 1 lata de creme de leite light gelado e sem soro
- ½ xícara (de chá) de catchup
- 1 colher (de sobremesa) de mostarda
- 1 colher (de café) de pimenta-do--reino
- 1 colher (de sobremesa) de sal
- 1 colher (de sopa) de salsa picadinha
- 10 cebolinhas em conserva bem picadinhas

Misture todos os ingredientes.

MOLHO COM GERGELIM PARA SALADA

- ¼ de xícara (de chá) de azeite
- Suco de 2 limões
- ¼ de xícara (de chá) de mel ou xarope de glicose
- 2 colheres (de sopa) de sementes de gergelim
- Sal a gosto

Misture todos os ingredientes. Bata um pouco com batedor manual. Sirva com sua salada preferida.

MOLHO DE IOGURTE COM ALHO

- 250g de iogurte natural desnatado
- Suco de 1 limão
- 2 dentes de alho amassados
- Sal e pimenta-do-reino a gosto

Misture todos os ingredientes, conserve em geladeira até o momento de servir. Use em saladas.

MOLHO DE MAÇÃ

- 1 xícara (de chá) de maionese light
- 1 xícara (de chá) de creme de leite
- 1 maçã ácida picada bem miudinha
- 1 colher (de chá) de sal
- 1 colher (de café) de pimenta-do--reino
- 1 colher (de chá) de salsa picadinha

Misture tudo muito bem.

MOLHO ROSÉ

- 1 xícara (de chá) de maionese light
- ½ xícara (de chá) de catchup
- 1 colher (de café) de molho inglês
- 1 xícara (de chá) de creme de leite

Misture tudo muito bem.

MOLHO TÁRTARO

1 xícara (de chá) de maionese light
50g de picles bem picadinho
1 colher (de sopa) de alcaparras cortadas bem miudinhas
2 colheres (de sopa) de azeitonas verdes picadas
1 colher (de sopa) de salsa picada
1 colher (de sopa) de cebola picada

Misture tudo muito bem.

PASTAS E PATÊS

PASTA DE CASTANHA-DE-CAJU

1 xícara (de chá) de água fervendo
½ xícara (de chá) de castanhas-de-caju tostadas levemente sem corar
1 colher (de chá) de sal
3 colheres (de sopa) de azeite de oliva
2 colheres (de chá) de suco de limão
1 colher (de chá) de manjericão
2 dentes de alho

Junte todos os ingredientes e bata no liquidificador

PASTA DE CEBOLA

1 lata de creme de leite light
½ pacote de creme de cebola

Misture bem o creme de leite light gelado com ½ pacote de creme de cebola. Enfeite com raspa de cascas de limão.

PASTA DE SOJA

2 colheres (de sopa) de extrato de soja
2 colheres (de sopa) de salsinha picada
2 colheres (de sopa) de mostarda
1 colher (de sopa) de vinagre
1 xícara (de chá) de maionese light
1 xícara (de chá) de uvas-passas sem sementes, picadas
2 colheres (de sopa) de sementes de linhaça
1 xícara (de chá) de cenoura ralada (ralo fino)
1 colher (de chá) de curry em pó
Sal a gosto

Misture bem todos os ingredientes e enfeite com um talo de salsinha.

PATÊ DE ABACATE

1 xícara (de chá) de abacate amassado
1 colher (de sopa) de suco de limão
1 colher (de sopa) de azeite
1 colher (de chá) de raspas de limão
1 colher (de chá) de sal

Misture bem todos os ingredientes. Sirva com minicarolinas ou torradas.

PATÊ DE BERINJELA E AZEITONAS PRETAS

1 berinjela média assada no forno com a casca
1 tomate pequeno bem durinho
1 colher (de chá) de orégano
½ xícara (de chá) de azeitonas pretas
2 rodelas de cebola
½ dente de alho
1 colher (de chá) de suco de limão
Sal e pimenta-do-reino a gosto

Coloque os ingredientes no liquidificador e bata. Sirva com pão italiano ou torradinhas.

PATÊ DE NOZES

½ xícara (de chá) de nozes picadas
½ xícara (de chá) de ricota amassada
½ copo de requeijão light

Misture muito bem todos os ingredientes. Sirva com pãezinhos de minuto, pãezinhos de queijo ou torradas.

PATÊ DE RICOTA

½ ricota amassada
1 lata de creme de leite light sem o soro
Sal a gosto

Misture bem os ingredientes e sirva. Você pode variar o sabor deste patê acrescentando:

1 colher (de chá) de orégano ou
1 colher (de chá) de alecrim, ou
1 colher (de chá) de manjericão ou tomate seco bem picadinho.
Sirva com pão italiano ou torradas.

PATESINHO 2 MINUTOS

200g de ricota fresca
½ copo de requeijão light
1 colher (de café) de sal
1 colher (de chá) de manjericão

Amasse todos os ingredientes com um garfo. Misture bem.

RECHEIO DE FRANGO FRIO PARA LANCHES

1 peito de frango cozido e desfiado
½ lata de creme de leite light gelado
½ xícara (de chá) de maionese light (ver pág. 35)
¼ de xícara (de chá) de sementes de gergelim
Sal a gosto

Misture bem todos os ingredientes.

SARDELA

4 pimentões vermelhos
8 colheres (de sopa) de azeite
1 xícara (de chá) de aliche lavado e escorrido
2 colheres (de chá) de orégano
½ colher (de chá) de pimenta- -calabresa seca

Cozinhe os pimentões inteiros em água fervente até a pele começar a soltar. Escorra-os e passe em água corrente. Corte-os ao meio, tire as sementes, pique em pequenos pedaços e reserve. Aqueça 4 colheres (de sopa) de azeite e junte os pimentões. Refogue-os até ficarem macios. Deixe esfriar. Coloque no liquidificador o aliche e os pimentões. Bata até obter uma pasta, tire do liquidificador, adicione o orégano, a pimenta e o resto do azeite, prove o sal. Mexa bem e guarde em recipiente fechado.

TOFU (QUEIJO DE SOJA)

2 xícaras (de chá) de grãos de soja crus
10 xícaras (de chá) de água quente
1 colher (de sobremesa) de sal
Coalhos:
1 xícara (de café) de limão diluído em 1 xícara (de café) de água
ou 1 xícara (de café) de vinagre diluído em 1 xícara (de café) de água
ou 1½ colher (de sopa) de sal amargo diluído em uma xícara (de café) de água

Deixe a soja de molho por 8 horas até ela ficar inchada.

Jogue a água e bata no liquidificador. Use 2 xícaras (de chá) de água quente para cada xícara (de chá) de soja inchada. Passe a soja que foi batida no liquidificador por uma peneira e depois por um pano de prato de tecido ralo. Ferva esse leite de soja e leve para cozinhar em fogo baixo por 15 minutos a partir da hora que começou a fervura. Tire do fogo, coloque o sal e um dos coalhos já diluídos em água. Após 20 minutos, passe o leite (que já deverá estar talhado) pelo mesmo pano usado anteriormente, deixe em uma peneira até escorrer todo o líquido, retire o tofu quando estiver no ponto desejado. Coloque em um saco de tecido ralo ou em uma forma própria para queijos. O tofu deve ser conservado em geladeira.

TOFU CREMOSO

1 xícara (de chá) de tofu
1 colher (de chá) de mostarda em pó
1 colher (de sobremesa) de água
1 colher (de café) de páprica doce
1 colher (de café) de açúcar
1 tomate sem sementes bem picadinho
3 folhas de hortelã picadinhas
1 colher (de chá) de sal
2 colheres (de sopa) de molho de tomate
3 colheres (de sopa) de azeite

Bata no liquidificador o molho de tomate, o tofu, o azeite de oliva, o sal, a mostarda, a páprica, o açúcar e a água. Passe esse creme para uma tigela e junte os demais ingredientes, guarde em geladeira. Use em lanches, e em torradas como entradas ou aperitivos.

TOFU PICANTE

3 colheres (de sopa) de azeite
1 colher (de chá) de sal
1 xícara (de chá) de tofu amassado
1 colher (de chá) de pimenta-do-reino moída
1 colher (de chá) de pimenta-calabresa seca

Amasse bem o tofu com as pimentas, junte o azeite e o sal, misture bem e conserve em geladeira até a hora de servir. Use em lanches ou em qualquer tipo de pão.

REQUEIJÃO

REQUEIJÃO CREMOSO

200ml de água
10 colheres (de sopa) de leite em pó desnatado
1 colher (de sopa) de suco de limão
1 colher (de chá) de sal

Coloque tudo no liquidificador. Bata até obter uma consistência cremosa. Guardar em geladeira.

REQUEIJÃO LIGHT

400g de ricota fresca
100g de margarina light
1½ copo de leite fervendo
1 colher (de chá) de sal

Bata todos os ingredientes no liquidificador.

REQUEIJÃO SEMILIGHT

400g de ricota fresca
200g de manteiga
1 lata de creme de leite light
250ml de leite desnatado cru
1 colher (de chá) de sal

Bata todos os ingredientes no liquidificador.

ARROZ

ARROZ INTEGRAL: COMO PREPARAR

Lave bem o arroz integral. Coloque em uma panela, acrescente água para cobrir aproximadamente 3cm acima do arroz. Leve ao fogo forte até levantar fervura, abaixe o fogo e acrescente os temperos: azeite de oliva, alho, cebola e outros de sua preferência. Mantenha a panela fechada em fogo baixo até que o arroz cozinhe e fique macio.

ARROZ COM BACALHAU

2 xícaras (de chá) de arroz
4 xícaras (de chá) de água
300g de bacalhau dessalgado e desfiado
4 colheres (de sopa) de óleo de soja ou azeite
1 cebola picada
3 dentes de alho picados
4 tomates sem pele e sem sementes picados
1 pimentão picado
2 xícaras (de chá) de chá de brócolis pré-cozidos sem os talos
10 azeitonas verdes picadas

Em uma panela coloque o óleo, o alho, a cebola, o tomate e o pimentão. Deixe refogar por 8 minutos mexendo de vez em quando. Adicione o bacalhau e o arroz e refogue por mais 5 minutos, mexendo levemente. Acrescente a água, tampe e cozinhe por 10 minutos. Adicione brócolis e as azeitonas, misture e deixe em fogo brando até o arroz ficar macio ou até a água secar. Despeje em uma travessa e sirva acompanhado com salada verde.

ARROZ COM BRÓCOLIS

2 xícaras (de chá) de brócolis cortadinhos sem os talos
2 xícaras (de chá) de arroz
¼ de xícara (de chá) de vinho branco seco
4 xícaras (de chá) de água fervente
3 colheres (de sopa) de óleo de soja
1 cebola ralada
3 dentes de alho amassados
Sal a gosto
Queijo ralado

Leve ao fogo em uma panela de tamanho médio o óleo, a cebola e o alho para dourar. Acrescente o arroz, a água, o vinho, o sal e o brócolis. Tampe a panela, abaixe o fogo e deixe até secar. Transfira para uma travessa e polvilhe o queijo ralado.

ARROZ COM COBERTURA DE QUEIJO

2 xícaras (de chá) de arroz cozido
1 xícara (de chá) de cenoura cozida e cortada em cubos
1 xícara (de chá) de milho-verde cozido
3 colheres (de sopa) de salsinha picada

COBERTURA:
1 lata de creme de leite light
4 colheres (de sopa) de queijo
1 colher (de chá) de sal

Em uma assadeira ou forma refratária grande misture o arroz e os demais ingredientes. Para a cobertura, junte o queijo e o creme de leite, misture bem e espalhe por cima do arroz. Polvilhe queijo ralado e leve ao forno quente por alguns minutos para gratinar. Sirva quente.

ARROZ COM LEITE

3 xícaras (de chá) de leite desnatado
1 xícara de água
1½ xícara de arroz
150g de mussarela cortada em cubos
1 colher (de sopa) de manteiga
Queijo parmesão ralado
Sal a gosto

Misture o leite e a água numa panela e leve ao fogo para ferver. Junte o arroz e o sal e cozinhe em fogo lento. Junte a mussarela e a manteiga, mexendo bem. Acrescente o queijo ralado e sirva imediatamente. O arroz deve ficar úmido.

ARROZ COM MANGA

2 colheres (de sopa) de azeite
1 cebola bem picadinha
2 dentes de alho amassados
2 xícaras (de chá) de arroz parboilizado
1 cálice de vinho branco
4 xícaras (de chá) de água

2 mangas grandes cortadas em cubos
1 embalagem de creme de leite light
100g de mussarela em cubos
Sal a gosto

Em uma panela grande frite o alho e a cebola. Junte o arroz e frite mais um pouco. Acrescente o vinho, o sal e a água fervente. Deixe cozinhar. Quando estiver cozido, tire do fogo e misture a manga, a mussarela e o creme de leite. Mexa levemente sem amassar o arroz. Sirva em seguida com salada verde. Esse prato não deve ser requentado, pois perderá o sabor.

ARROZ COM SALMÃO DEFUMADO E ALCACHOFRAS

3 colheres (de sopa) de azeite
1 cebola bem picadinha
2 dentes de alho amassados
1½ xícara (de chá) de arroz agulhinha cru
3 xícaras (de chá) de água fervente
1 folha de louro
3 colheres (de sopa) de margarina light
3 colheres (de sopa) de queijo ralado
150g de salmão defumado cortado em cubos
5 miolos de alcachofras em conserva cortados em quatro
3 colheres (de sopa) de salsa picada
Sal a gosto

Em uma panela, aqueça o azeite, frite a cebola e o alho, acrescente o arroz, frite mais um pouco. Junte a água fervente, a folha de louro e o sal. Quando o arroz estiver cozido, retire do fogo, tire a folha de louro, misture o queijo ralado e a margarina, misture as alcachofras e o salmão picado. Prove o sal. Sirva quente.

ARROZ DE FORNO DA MARIQUINHA

2 colheres (de sopa) de margarina light
2 colheres (de sopa) de azeite de oliva
1 cebola picada
2 dentes de alho amassados
1 ovo levemente batido
2 xícaras (de chá) de arroz cru
50g de queijo ralado
2 colheres (de sopa) de salsinha picada
12 azeitonas sem caroço picadas
1 lata de ervilhas
1 lata de milho-verde
10 flores de brócolis pequenas
½ pimentão amarelo bem picado
3 xícaras (de chá) de água fervente
3 tomates sem pele e sem sementes picados
1 colher (de sopa) de sal

Em uma forma alta misture todos os ingredientes, leve ao forno quente por 50 minutos ou até secar. Sirva em seguida.

ARROZ CHINÊS FRITO COM ESPINAFRE

2 xícaras (de chá) de arroz cozido
1 xícara (de chá) de espinafre cozido e cortado fininho
3 colheres (de sopa) de óleo de soja
2 colheres (de sopa) de cebolinha verde picada
100g de cogumelos cortados ao meio
Sal a gosto
O arroz frito é um prato chinês típico. Usa-se o arroz já cozido, frito com os outros ingredientes

Cozinhe rapidamente o espinafre em água e sal, esprema-o e corte bem fininho. Aqueça o óleo e frite as cebolinhas. Acrescente o arroz já cozido e bem solto, mexa, junte os cogumelos e o espinafre e misture bem. Acrescente o sal.

ARROZ FRITO COM SIRI

4 xícaras (de chá) de arroz cozido e bem solto
6 folhas de alface
200g de carne de siri cozida
2 colheres (de sopa) de óleo de soja
3 ovos batidos ligeiramente
1½ colher (de chá) de molho inglês
4 colheres (de sopa) de cebolinha--verde
Sal e pimenta a gosto

Corte a alface e as cebolinhas bem fininhas e reserve. Aqueça o óleo e mexa os ovos rapidamente. Acrescente o arroz já cozido aos ovos e mexa rapidamente. Em seguida acrescente a carne de siri, a alface, o sal, a pimenta, o molho inglês e a cebolinha picada. Misture tudo muito bem.

ARROZ VEGETARIANO

1 cebola picada
2 dentes de alho amassados
2 colheres (de sopa) de azeite
2½ xícaras (de chá) de arroz agulhinha cru
1 xícara (de chá) de abobrinha picada
1 xícara (de chá) de casca de melancia ralada
1 pimentão vermelho picado
Sal a gosto

Frite a cebola e o alho no azeite. Junte o arroz e refogue mais um pouco. Acrescente os outros ingredientes e coloque água suficiente para cobrir o arroz. Cozinhe em fogo baixo até secar a água e o arroz atingir a consistência desejada.

ARROZ VERDINHO

3 colheres (de sopa) de azeite ou óleo de milho
1 cebola picada
2 dentes de alho
1½ xícara (de chá) de arroz
2 xícaras (de chá) de talos de agrião
3 xícaras (de chá) de água fervente
2 colheres (de sopa) de margarina light
1 cebola picada
Salsa picada
1 pimentão verde
Sal a gosto

Frite a cebola e o alho no azeite. Acrescente o arroz, frite mais um pouco, acrescente a água fervente e deixe cozinhar até secar a água. Reserve. Derreta a margarina, doure a cebola, acrescente os talos de agrião picados, o pimentão verde bem picado, o sal e refogue. Misture em seguida ao arroz reservado, salpique a salsa. Sirva em seguida.

FAROFA DE ARROZ

4 colheres (de sopa) de óleo de canola
3 dentes de alho amassados
1 cebola (média) ralada
2 tomates picados sem as sementes
½ xícara (de chá) de cenoura ralada
½ xícara (de chá) de pimentão cortado em cubos
½ xícara (de chá) de folhas de espinafre picadas
½ xícara (de chá) de milho-verde
1½ xícara (de chá) de arroz cozido bem solto
1 xícara (de chá) de farinha de mandioca
Sal e pimenta-do-reino a gosto

Em uma panela refogue a cebola e o alho com as 4 colheres (de sopa) de óleo. Junte o tomate, a cenoura, o pimentão, o espinafre e o milho verde, deixe *al dente*. Tempere com sal e pimenta, acrescente o arroz cozido. Coloque a farinha de mandioca e misture bem. Retire do fogo e sirva com salada de folhas.

RISOTO DE ALHO-PORÓ

1½ xícara (de chá) de arroz parboilizado
4 xícaras (de chá) de água fervente
2 alhos-porós (só a parte branca)
2 colheres (de sopa) de óleo de canola ou azeite
1 colher (de sopa) de margarina light
1 cebola ralada
3 dentes de alho amassados
½ xícara (de chá) de vinho branco seco
1 caixinha de creme de leite light
Sal a gosto
Queijo ralado

Em uma panela frite ligeiramente no óleo e na manteiga, o alho e a cebola. Em seguida, acrescente o alho-poró cortado em rodelas e refogue bem. Coloque o arroz, dê uma refogada. Acrescente o sal e aos poucos a água fervente. Quando o arroz estiver cozido, misture o vinho, deixe mais 5 minutos e desligue o fogo. Coloque o creme de leite e o queijo ralado, mexa levemente. Sirva em seguida.

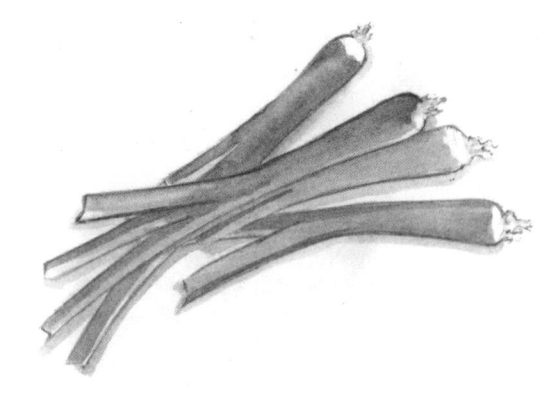

RISOTO DE ATUM

1½ xícara (de chá) de arroz
2 colheres (de sopa) de óleo de canola ou azeite
1 colher (de sopa) de margarina light
1 cebola picada
2 dentes de alho amassados
1 tomate picadinho
¼ de xícara (de chá) de vinho branco
3 xícaras (de chá) de água
1 lata de atum
Sal a gosto
Queijo ralado

Coloque o arroz de molho em água morna por 15 minutos e escorra. Em uma panela coloque o óleo e a margarina e leve ao fogo, adicione a cebola e o alho e deixe dourar. Acrescente o vinho e o tomate picadinho, mexa e cozinhe por 2 minutos. Adicione a água e o sal e cozinhe por mais 3 minutos. Coloque o arroz escorrido, misture, tampe a panela e cozinhe em fogo lento. Acrescente o atum e cozinhe por mais 2 minutos. O arroz não deve ficar seco. Sirva com queijo ralado e salada de rúcula.

RISOTO DE BACALHAU

800g de bacalhau dessalgado e desfiado
2 xícaras (de chá) de arroz agulhinha ou parboilizado cru
4 xícaras (de chá) de água fervente
2 cebolas picadinhas
5 colheres (de sopa) de azeite
¾ de copo de vinho branco seco
15 azeitonas pretas grandes sem caroço
3 colheres (de sopa) de salsinha e cebolinha picadas
1 colher (de chá) de gengibre em pó
1 colher (de café) de noz-moscada
2 dentes de alho amassados
Pimenta a gosto

Frite 1 cebola picada em 2 colheres (de sopa) de azeite, refogue o arroz, junte a água e o sal, deixe cozinhar. Reserve. Em outra panela, aqueça 3 colheres (de sopa) de azeite, doure a outra cebola e o alho, junte o bacalhau já dessalgado, escorrido e desfiado, refogue por 10 minutos, acrescente o vinho e deixe cozinhar por 20 minutos (se secar, acrescente mais água). Desligue o fogo, acrescente o arroz reservado, junte as azeitonas e o restante dos ingredientes, regue com azeite. Deixe descansar por aproximadamente 10 minutos antes de servir.

RISOTO DE CAMARÃO

½kg de camarões limpos
1½ xícara (de chá) de arroz
2 dentes de alho amassados
2 cebolas picadas
1 maço de salsinhas picadas
3 colheres (de sopa) de óleo de canola
2 colheres (de sopa) de manteiga
1 talo de salsão picado
4 colheres (de sopa) de cenoura ralada
Sal a gosto
¼ de xícara (de chá) de vinho branco seco
4 xícaras (de chá) de água fervente
Queijo parmesão ralado

Lave e enxágue os camarões (se forem grandes, corte-os em pedaços). Em uma panela misture o óleo de canola e a manteiga, adicione o alho, a cebola e a salsinha bem picadinhos e deixe dourar. Junte o salsão e a cenoura, mexa e cozinhe por 3 minutos. Acrescente os camarões e cozinhe por 2 minutos. Junte o sal, adicione o vinho e deixe evaporar por 4 minutos. Acrescente o arroz e cozinhe por mais 3 minutos. Despeje a água fervente, cubra e cozinhe em fogo brando até que o arroz fique macio. Sirva com queijo salpicado por cima.

RISOTO DE ERVILHAS

2 xícaras (de chá) de arroz
1 cebola média ralada
2 dentes de alho amassados
2 colheres (de sopa) de óleo de canola
1 colher (de sopa) de manteiga
½kg de ervilhas frescas debulhadas
4 xícaras (de chá) de água fervente
Salsa picadinha
Sal a gosto
Queijo ralado

Misture a cebola com o alho, o óleo e a manteiga e leve ao fogo para dourar. Acrescente as ervilhas, misture a água e o sal. Cozinhe em fogo lento até que as ervilhas fiquem quase cozidas. Adicione o arroz e deixe cozinhar em fogo lento. Se necessário, acrescente mais água. O arroz deve ficar úmido. Junte o queijo ralado e a salsa, mexa e sirva imediatamente.

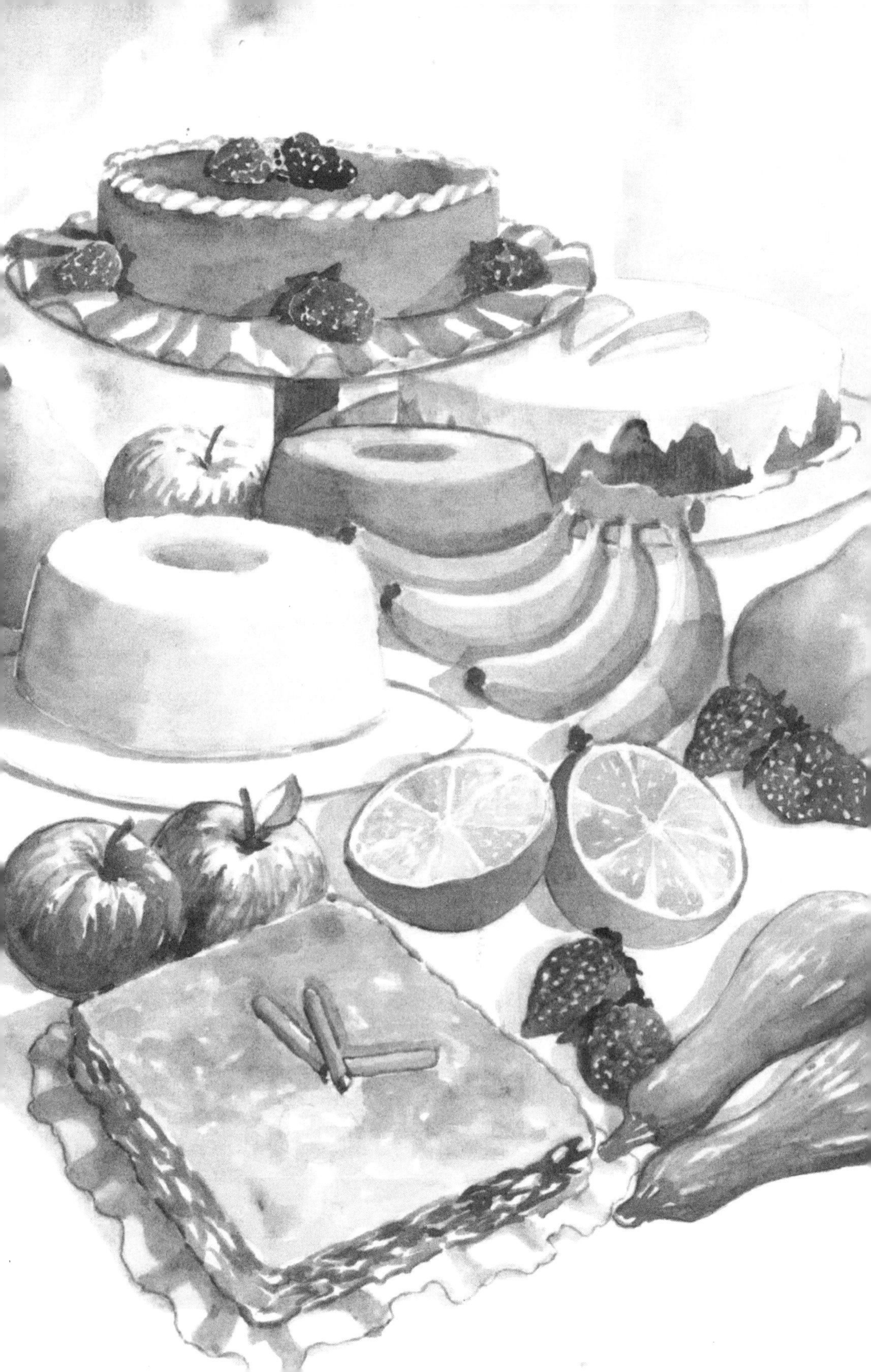

BOLOS

BOLO DE ABÓBORA

4 ovos

4 colheres (de sopa) de margarina light

2 xícaras (de chá) de açúcar

2 xícaras (de chá) de abóbora cozida

1 xícara (de chá) de farinha de trigo

1 xícara (de chá) de amido de milho

1 xícara (de chá) de coco ralado seco

1 colher (de sopa) de fermento em pó

Bata as claras em neve e reserve. À parte, bata as gemas com a margarina e acrescente aos poucos os outros ingredientes, deixando o fermento por último. Por fim, adicione as claras em neve e leve ao forno para assar, em assadeira untada e enfarinhada, por mais ou menos 30 minutos.

BOLO DE ABOBRINHA

3 ovos

3 colheres (de sopa) de açúcar mascavo

4 colheres (de sopa) de adoçante em pó (forno e fogão)

2½ xícaras (de chá) de farinha de trigo

2 colheres (de sopa) de margarina vegetal light

1 colher (de chá) de canela em pó

1 colher (de café) de noz-moscada

1 colher (de café) de bicarbonato de sódio

1 colher (de sobremesa) de fermento em pó

3 abobrinhas pequenas raladas

Leve ao fogo por 6 minutos as abobrinhas raladas. Reserve. Na batedeira coloque o resto dos ingredientes, retire e adicione as abobrinhas. Mexa bem, coloque em forma retangular pequena e leve ao forno preaquecido.

BOLO DE BANANAS

4 bananas nanicas
2 xícaras (de chá) de açúcar mascavo
¾ de xícara (de chá) de óleo de milho ou canola
4 ovos

Bata no liquidificador e acrescente:
2 xícaras (de chá) de farinha de rosca
1 colher (de sopa) de fermento em pó

Assar em forma untada e polvilhada com farinha de trigo, açúcar e canela.

BOLO DE BANANAS COM RECHEIO DE PERAS

MASSA
3 ovos
4 bananas pequenas
6 colheres (de sopa) de adoçante (forno e fogão)
1½ xícara (de chá) de farinha de rosca
1 colher (de sopa) de fermento em pó
2 colheres (de sopa) de margarina vegetal light

Bata os ovos, o adoçante, a margarina e as bananas no liquidificador, junte aos poucos a farinha de rosca e o fermento, mexa bem e coloque em forma de bolo redonda média untada e polvilhada com farinha de rosca. Leve ao forno médio preaquecido, por cerca de 25 minutos. Retire, desenforme e espere esfriar.

RECHEIO:
3 peras pequenas
2 colheres (de sopa) de mel
Canela em pó
6 colheres (de sopa) de suco de laranja

Corte as peras em pedaços e coloque em uma panela junto com os outros ingredientes. Deixe ferver até as peras ficarem macias. Bata no liquidificador.

BOLO DE BETERRABA

MASSA:
1 xícara (de chá) de suco de laranja
3 xícaras (de chá) de beterraba picada
3 ovos
2 xícaras (de chá) de açúcar mascavo
½ xícara (de chá) de óleo de milho
3 xícaras (de chá) de farinha de trigo
1 colher (de sopa) de fermento em pó

Junte o suco de laranja e a beterraba e bata no liquidificador. Reserve. Em uma vasilha, bata as gemas, o açúcar e o óleo, acrescente aos poucos o suco batido, adicione a farinha de trigo. Por último, coloque as claras em neve e o fermento, mexendo delicadamente. Asse em forma untada e enfarinhada em forno preaquecido.

COBERTURA:

- 1 colher (de sopa) de margarina light
- 3 colheres (de sopa) de achocolatado
- 3 colheres (de sopa) de açúcar mascavo
- ¾ de xícara (de chá) de leite

Derreta a margarina, junte o achocolatado, o açúcar e, por último, o leite. Deixe ferver até encorpar. Coloque a cobertura sobre o bolo ainda quente

BOLO DE CAFÉ COM CHOCOLATE

- 1 pote de iogurte natural desnatado (200g)
- 2 xícaras (de chá) de farinha de trigo
- ¾ de xícara (de chá) de açúcar mascavo
- 3 colheres (de sopa) de cacau em pó
- ½ xícara (de chá) de café bem forte
- 1 colher (de café) de essência de baunilha
- 2 ovos
- 3 colheres (de sopa) de margarina vegetal light
- 1 colher (de café) de bicarbonato de sódio
- 1 colher (de sobremesa) de fermento em pó

Bata a margarina com o açúcar até ficar um creme. Coloque os ovos e a baunilha, continue batendo, adicione o cacau e reserve. Misture bem a farinha, o fermento e o bicarbonato, adicione à mistura de ovos, alternando com café e iogurte. Unte e polvilhe com farinha de trigo e açúcar uma assadeira retangular pequena. Despeje a massa, asse em forno preaquecido (170ºC) por cerca de 25 minutos ou até ficar firme.

BOLO DE FARELO DE AVEIA E MAÇÃ

- 1 xícara (de chá) de farelo de aveia
- 1 xícara (de chá) de açúcar mascavo
- ½ xícara (de chá) de farinha de trigo integral
- 3 ovos
- ½ xícara (de chá) de óleo de milho
- 1 xícara (de chá) de farinha de trigo branca
- 2 maçãs picadas
- 1 colher (de sopa) de fermento em pó
- 1 colher (de chá) de canela em pó

Bata as claras em neve e reserve. Bata todos os outros ingredientes até obter um a massa homogênea e em seguida acrescente as claras em neve e o fermento; bata suavemente. Coloque em forma untada e polvilhada. Salpique canela e leve para assar em forno preaquecido de 15 a 20 minutos ou até estar bem assado.

BOLO DE FEIJÃO PRETO

1 xícara (de chá) de feijão preto cozido
4 ovos
9 colheres (de sopa) de água
2 xícaras (de chá) de açúcar
1 xícara (de chá) de farinha de rosca
1 xícara (de chá) de farinha de trigo
¼ xícara (de chá) de óleo de milho
1 colher (de sobremesa) de fermento em pó

Bata no liquidificador o feijão preto com a água do cozimento (não deve passar de 1 xícara de chá os dois juntos). Bata as gemas com a água, adicione os ingredientes sólidos e, aos poucos, os líquidos. Por último as claras em neve e o fermento. Asse em assadeira untada e enfarinhada em forno preaquecido.

BOLO DE GOIABADA DO GUILHERME

BOLO:

1 xícara (de chá) de leite
100g de margarina
2 ovos inteiros
1½ xícara (de chá) de açúcar
2 xícaras (de chá) de farinha de trigo
1 colher (de sopa) de fermento em pó
Goiabada cortada em fatias bem fininhas

Bata rapidamente no liquidificador, só para misturar, o leite, a margarina, os ovos e o açúcar. Acrescente a farinha de trigo e bata mais um pouco. Acrescente o fermento em pó e bata novamente. Despeje a massa em uma assadeira untada e enfarinhada. Coloque as fatias de goiabada delicadamente sobre a massa para que não afunde. Faça a farofa misturando os ingredientes com as mãos suavemente. Não aperte para que a farofa fique bem soltinha. Jogue toda a farofa em cima da massa do bolo já com a goiabada, esparramando com cuidado. Leve para assar no forno preaquecido.

FAROFA:

¾ de xícara (de chá) de açúcar
1 colher (de sopa) de margarina
1 colher (de café) de canela em pó
1 colher (de café) de nós-moscada
½ xícara (de chá) de farinha de trigo

BOLO DE LARANJA

4 ovos
1 xícara (de chá) de leite desnatado
4 colheres (de sopa) de margarina light
2 xícaras (de chá) de açúcar
1 laranja-pera com a casca
2½ xícaras (de chá) de farinha de trigo
1 colher (de sopa) de fermento em pó

Coloque no liquidificador os ovos, o leite, a margarina, o açúcar e a laranja bem lavada e cortada em pedaços com a casca. Bata bem. Aos poucos, acrescente a farinha de trigo e o fermento. Bata mais um pouco. Despeje a massa em uma assadeira untada e leve ao forno, preaquecido.

BOLO DE MAÇÃ DA CLEUSA

Bata no liquidificador:
Casca de 3 maçãs
1 copo de leite
4 ovos
½ copo de óleo de milho
Misture em uma tigela:
2 xícaras (de chá) de farinha de trigo
10 colheres (de sopa) de açúcar mascavo
1 colher (de sopa) de fermento em pó
1 colher (de chá) de canela em pó
3 maçãs picadas

Misture bem os ingredientes secos com a mistura do liquidificador. Asse em forma untada e polvilhada com farinha, açúcar e canela em forno quente, preaquecido.

BOLO DE MARACUJÁ

½ xícara (de chá) de suco de maracujá natural
3 ovos – separe as gemas das claras
½ xícara (de chá) de leite desnatado
2 colheres (de sopa) de margarina vegetal light
1 xícara (de chá) de açúcar mascavo
1½ xícara (de chá) de farinha de trigo
6 colheres (de sopa) de água
2 colheres (de sopa) de açúcar cristal
1 colher (de sopa) de fermento em pó
1 colher (de sopa) de amido de milho

Coloque na batedeira a margarina, as gemas e o açúcar, bata até virar um creme. Acrescente alternadamente, a farinha e o leite. Bata as claras separadas e misture delicadamente à massa. Por último adicione o fermento. Coloque em uma assadeira retangular média, untada e enfarinhada, leve ao forno preaquecido por meia hora.

Em uma panelinha coloque o suco de maracujá com a água, o amido de milho e 2 colheres (de sopa) de açúcar cristal. Assim que o bolo estiver morno, cubra com o creme de maracujá.

BOLO DE MILHO

3 ovos
5 espigas de milho grandes
2 copos de açúcar
1½ copo de leite
3 colheres (de sopa) de margarina light
1 colher (de sopa) de fermento em pó

Bata todos os ingredientes no liquidificador. Asse em forma untada no forno quente, preaquecido.

BOLO DE SOJA COM CHOCOLATE

1 xícara (de chá) de leite de soja
2 xícaras (de chá) de açúcar mascavo
1½ xícara (de chá) de proteína de soja seca
1½ xícara (de chá) de farinha de trigo
4 colheres (de sopa) de chocolate em pó
100g de uvas-passas
1 colher (de chá) de bicarbonato de sódio
1 colher (de sopa) de fermento em pó
100g de margarina vegetal light para culinária
3 ovos – gemas e claras separadas

Coloque as gemas, o açúcar e a margarina em uma batedeira e bata até formar um creme e desligue. Junte a soja, o leite e a farinha de trigo. Mexa bem, coloque as uvas-passas, o bicarbonato, o chocolate e mexa. Acrescente as claras em neve e o fermento e mexa levemente. Use uma forma com buraco no meio, untada e polvilhada com farinha de rosca. Leve para assar em forno preaquecido por 25 minutos ou até dourar.

BOLO PÃO-DE-LÓ INTEGRAL

4 ovos
½ xícara (de chá) de açúcar mascavo
1 xícara (de chá) de farinha de trigo integral
½ xícara (de chá) de farinha de soja
1 colher (de sobremesa) de fermento em pó

Bata as claras em neve na batedeira, junte as gemas uma a uma e continue batendo. Aos poucos, vá colocando o açúcar e as farinhas, batendo sempre. Desligue a batedeira, coloque delicadamente o fermento. Leve ao forno preaquecido em forma untada e polvilhada com farinha de trigo (por mais ou menos 20 minutos) até assar.

ROCAMBOLE DE CENOURAS

4 ovos

6 colheres (de sopa) de açúcar mascavo

7 colheres (de sopa) de farinha de trigo

2 cenouras médias descascadas e raladas bem fininhas

Bata na batedeira as claras em neve, acrescente as gemas uma a uma. Acrescente o açúcar e continue batendo. Com um batedor manual misture a farinha de trigo e as cenouras raladas. Despeje a massa em uma assadeira untada e enfarinhada e leve ao forno preaquecido (180°C) por 25 minutos. Desenforme ainda quente, sobre um pano polvilhado com açúcar. Enrole, deixe esfriar. Reserve.

RECHEIO:

1 lata de leite condensado light (ou leite condensado caseiro)

1 colher (de chá) de baunilha

2 colheres (de sopa) de proteína de soja desidratada com 4 colheres (de sopa) de água morna

2 colheres (de sopa) de margarina vegetal light

100g de coco ralado

½ vidro de leite de coco light

Em uma panela, leve ao fogo baixo todos os ingredientes (menos o leite de coco) e mexa sem parar até que desgrude do fundo da panela. Deixe esfriar e misture o leite de coco. Desenrole a massa do rocambole. Espalhe o recheio sobre toda a massa e torne a enrolar. Polvilhe açúcar de confeiteiro para enfeitar.

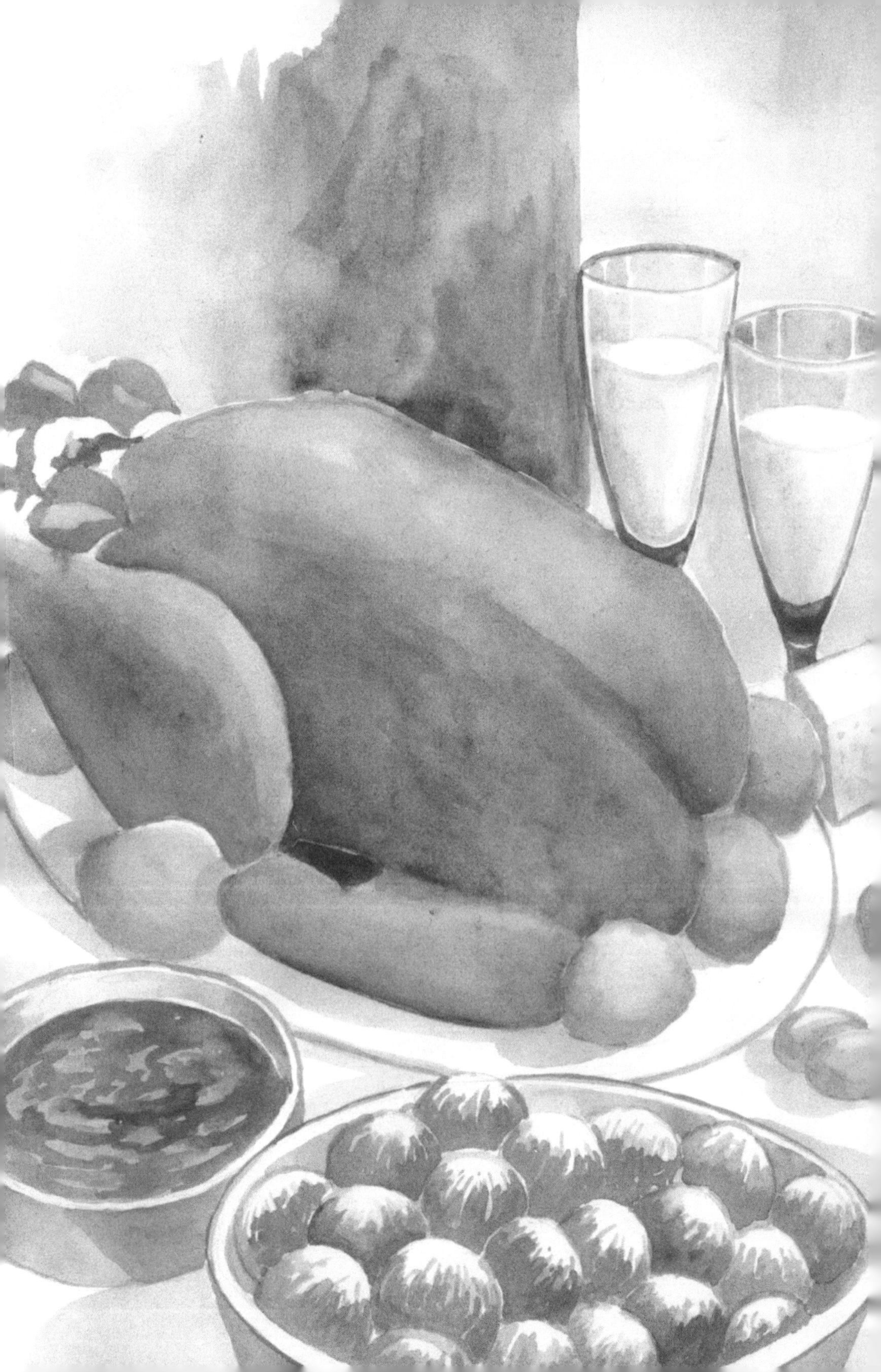

FRANGOS

ESTROGONOFE DE FRANGO

1 cebola cortada bem fininha
4 dentes de alhos amassados
4 colheres (de sopa) de azeite
2 peitos de frango cortados em cubos
1 copo de champignons fatiados
4 tomates cortados em cubos
3 colheres (de sopa) de catchup (ver pág. 33)
3 colheres (de sopa) de mostarda
1 lata de creme de leite light
1½ xícara (de chá) de água

Em uma panela, coloque o azeite, a cebola e o alho, leve ao fogo e deixe dourar. Coloque o frango, o sal e a pimenta e deixe fritando junto com os temperos até corar por igual, acrescente os tomates, a água e deixe cozinhar até o frango ficar bem cozido; acrescente o champignon, o catchup, a mostarda e refogue por mais dez minutos. Adicione o creme de leite e misture bem. Retire do fogo e sirva em seguida.

FRANGO COM ABACAXI

600g de filé de frango
10 fatias de abacaxi maduro
1 colher (de sopa) de molho inglês
2 colheres (de sopa) de mostarda
3 dentes de alho amassados
1 cebola picada
3 colheres (de sopa) de vinho branco seco
Sal a gosto

Em uma tigela misture o vinho, o sal, a cebola, o alho, a mostarda e o molho inglês. Coloque os filés e deixe marinar por 30 minutos. Em uma frigideira grelhe os filés dos dois lados até que fiquem cozidos. Faça o mesmo com o abacaxi na mesma frigideira e sirva junto com os filés.

FRANGO COM LARANJA-LIMA

5 coxas de frango inteiras
4 dentes de alho
3 colheres (de sopa) de vinho branco
Sal e pimenta-do-reino a gosto
Suco de 2 laranjas-lima
2 colheres (de sopa) de manteiga

Tempere as coxas e sobrecoxas com o alho, o vinho, o sal e a pimenta-do-reino; deixe marinar por uma hora. Regue com suco de laranja-lima e escorra reservando o líquido temperado. Coloque em assadeira untada com manteiga e cubra com papel alumínio. Leve ao forno alto por uma hora mais ou menos. Retire o papel alumínio na metade do período. Utilize o líquido temperado reservado para regar o frango enquanto assa. Sirva acompanhado de farofa.

FRANGO FRITO COM ALHO-PORÓ, SOJA E GENGIBRE

1 frango cortado a passarinho, temperado com sal e alho
200g de soja cozida
1 alho-poró cortado em fatias finas
½ xícara (de chá) de gengibre cortado bem fininho
3 colheres (de chá) de azeite ou óleo de soja
½ xícara (de chá) de vinho tinto seco
1 colher (de sopa) de shoyu

Em uma panela frite no azeite ou óleo de soja o alho-poró e o gengibre. Junte o frango e frite até ficar levemente dourado. Acrescente o vinho e o shoyu e deixe ferver para evaporar o vinho. Aos poucos, adicione a água até que a carne cozinhe, junte a soja cozida e quente. Misture bem. Prove o sal e acrescente se for necessário. Deixe cozinhar em fogo brando por mais dez minutos.

FRANGO XADREZ (I)

1 cebola
1 cenoura
1 pimentão vermelho
3 colheres (de sopa) de cebolinha-verde picada
1 talo de salsão
6 florzinhas de brócolis
2 colheres (de sopa) de gengibre ralado
1 colher (de sopa) de vinagre de maçã
3 colheres (de sopa) de amendoim torrado sem casca
6 cogumelos em conserva
4 colheres (de sopa) de óleo de soja
1 colher (de sopa) de amido de milho
3 colheres (de sopa) de shoyu
600g de peito de frango sem pele e sem osso
Sal e pimenta-do-reino a gosto

Corte o peito de frango em cubos pequenos. Corte todos os legumes em cubos pequenos. Tempere o frango com sal e pimenta-do-reino e doure no óleo de soja. Adicione os legumes, os cogumelos e o gengibre ralado. Deixe refogar por mais 10 minutos. Acrescente o molho de soja (shoyu), o amido de milho dissolvido em ½ copo d'água. Tampe a panela e deixe cozinhar em fogo baixo até que todos os ingredientes estejam bem cozidos. Desligue o fogo e acrescente o amendoim sem casca. Sirva com salada verde e arroz.

FRANGO XADREZ (II)

1 frango grande
3 pimentões vermelhos, em cubos pequenos
4 cebolas pequenas cortadas ao meio
5 colheres (de sopa) de molho de soja (shoyu)
3 colheres (de sopa) de óleo
100g de castanha-de-caju
3 tomates bem maduros
Alho, sal, pimenta e limão

Corte o frango pelas juntas e tempere com sal, alho, pimenta e limão. Numa panela, frite as cebolas no óleo. Acrescente o frango e deixe refogar bem. Adicione os tomates, sem pele e picados, em ½ xícara (de chá) de água quente. Quando o frango estiver quase cozido, ponha os pimentões, as castanhas e o molho de soja. Sirva quente.

POLENTA COM FRANGO E ALCAPARRAS

Fazer uma receita de polenta básica (ver pág. 123).

2 peitos de frango, cortados em cubos
4 colheres (de sopa) de azeite
1 cebola picada
3 dentes de alho amassados
5 tomates sem pele cortados em cubos
4 colheres (de sopa) de alcaparras em conserva
Sal a gosto

Em uma panela frite a cebola e o alho no azeite. Junte os peitos de frango, deixe dourar, acrescente os tomates e deixe cozinhar por 30 minutos ou até o frango ficar bem macio. Junte as alcaparras, prove o sal e deixe mais 10 minutos. Em uma travessa, despeje a polenta, acerte bem. Despeje por cima o frango com alcaparras. Sirva com queijo ralado (opcional).

ROCAMBOLE DE FRANGO COM RICOTA

MASSA:
>250g de ricota fresca passada na peneira
>150g de margarina
>1 colher (de chá) de sal
>1 colher (de chá) de fermento em pó
>1 gema
>Farinha de trigo
>Passas e azeitonas
>Queijo ralado

Misture os ingredientes, acrescentando farinha de trigo para poder abrir com o rolo. Abra-a entre dois plásticos, fazendo um retângulo de 35x25 cm. Com uma faca, espalhe o recheio. Jogue um pouco de passas e azeitonas picadas. Enrole com ajuda do plástico e coloque em uma assadeira. Pincele o rocambole com uma gema e polvilhe o queijo ralado.

RECHEIO:
>1 peito de frango temperado com alho
>1 tomate bem picado
>1 xícara (de chá) de leite
>2 colheres (de sopa) de farinha de trigo
>2 colheres (de sopa) de queijo ralado
>Cheiro-verde picado
>Pimenta-do-reino

Cozinhe o peito de frango, bem temperado, com o tomate. Quando cozido, desfie-o e volte ao caldo. Junte o cheiro-verde, a pimenta, o leite com a farinha de trigo e o queijo ralado. Mexa até engrossar e deixe esfriar.

SHITAKE COM FRANGO E LEGUMES

>8 cogumelos shitake secos, deixados de molho na água morna
>1kg de peito de frango cortado em cubos
>8 camarões médios, limpos (deixe a cauda e a casca do primeiro segmento)
>1 alho-poró cortado em fatias (só a parte branca)
>2 cenouras cortadas em fatias finas
>2 batatas-doces em fatias
>2 pimentões verdes, sem as sementes, cortados no comprimento
>2 espigas de milho-verde cortadas em rodelas

Tempere o frango com sal, shoyu e alho, refogue com um pouco de azeite. Reserve e conserve quente.
Tire os cabos dos cogumelos, cozinhe no vapor por quinze minutos, com um pouco de caldo de frango. Cozinhe as cenouras, as batatas-doces e o alho-poró com pouca água e sal, deixe *al dente*. Frite os camarões (em óleo quente, por cinco minutos) temperados só com o sal. Escalde os pimentões com água e sal. Cozinhe as espigas de milho com água e sal. Coloque os ingredientes em uma travessa e regue com o molho

MOLHO
1ª OPÇÃO:
>4 colheres (de sopa) de sementes de gergelim torradas
>1 colher (de sopa) de mostarda
>2 colheres (de sopa) de vinho branco
>2 colheres (de sopa) de shoyu

1 colher (de chá) de açúcar
2 colheres (de sopa) de vinagre de arroz ou de maçã
1 colher (de sopa) de sal

2ª OPÇÃO: MOLHO DE LIMÃO
½ xícara (de chá) de suco de limão
½ xícara (de chá) shoyu
½ xícara (de chá) água

Misture todos os ingredientes muito bem, bata um pouco com o batedor manual.

SUFLÊ DE FRANGO COM ESPINAFRE

2 maços de espinafre
2 peitos de frango temperados com alho, sal e vinagre, cozidos e desfiados
2 colheres (de sopa) de margarina
1 tomate sem pele, batido
2 dentes de alho amassados
Sal, cheiro-verde picado e pimenta-do-reino
1 litro de leite
1 copo de leite frio
1 xícara (de chá) rasa de farinha de trigo
4 gemas
1 xícara (de chá) de queijo ralado
4 claras em neve firme

Afervente o espinafre, escorra e pique bem fininho com uma faca.
Ponha o litro de leite para ferver. Dissolva a farinha de trigo e as gemas no leite frio e junte, com a margarina, ao leite fervendo, mexendo sempre para não empelotar. Acrescente o queijo ralado, o frango desfiado e o espinafre refogado, em óleo, com o alho, o tomate e os temperos. Por último, misture delicadamente as claras. Leve para assar em forma untada, no forno médio.

SUFLÊ DE FRANGO COM MILHO

2 peitos grandes de frango
6 espigas de milho-verde cozidas
2 colheres (de sopa) de óleo canola
½ litro de leite
6 gemas
1 colher (de chá) de noz-moscada
1 colher (de chá) de sal
3 colheres (de sopa) de tomate picado
6 claras batidas em neve firme
Alho, pimenta-do-reino e cheiro-verde picado
Margarina
Cebola picada

Tempere o frango a gosto. Refogue no óleo, ponha o tomate e pingue água quente, até que esteja cozido. Retire, desfie, junte cheiro-verde e reserve.
À parte, refogue o milho em margarina, tempere e junte o frango.
Leve ao fogo duas colheres (de sopa) de margarina, frite a cebola, coloque a farinha de trigo e deixe tostar. Junte ao leite fervendo, aos poucos, mexendo sempre, até ficar cremoso. Retire do fogo e junte as gemas, uma a uma, mexendo sempre. Misture o frango com o milho e, por último, as claras batidas em neve firme. Coloque em forma untada. Leve para assar em forno brando.

TORTA DE FRANGO COM MILHO

2 peitos de frango grandes
8 espigas de milho-verde (ou 2 latas)
250g de mussarela fatiada
1 lata de creme de leite light sem o soro
½ litro de leite
Sal e pimenta-do-reino a gosto
2 colheres (de sopa) de cheiro-verde picado
1 cebola ralada
10 azeitonas verdes picadas
3 colheres (de sopa) de passas

Tempere o frango com duas horas de antecedência. Prepare-o cozido em molho, retire os pedaços e desfie. Cozinhe o milho cortado, escorra e bata no liquidificador com o leite e sal. Leve ao fogo para engrossar. Quando estiver morno, junte o creme de leite e reserve. Misture ao frango desfiado o cheiro-verde, a pimenta, a cebola batida, as azeitonas picadas e as passas.

Numa forma refratária untada, coloque, em camadas: creme de milho, frango desfiado com um pouco de caldo, mussarela. Repita as camadas até terminar. A última deve ser de queijo. Leve ao forno por quinze minutos.

TORTA DE ARROZ COM FRANGO DESFIADO

MASSA:
1 xícara (de chá) de leite desnatado
1 xícara (de chá) de talos (agrião ou espinafre)
3 xícaras (de chá) de arroz cozido
¼ de xícara (de chá) de óleo de milho
Sal a gosto

Para a massa: bata no liquidificador todos os ingredientes e coloque em forma untada e enfarinhada.

RECHEIO:
1 cebola picada
2 dentes de alho amassados
2 colheres (de sopa) de azeite
1 peito de frango cozido e desfiado
1 espiga de milho cozida
3 tomates picados
2 colheres (de sopa) de salsinha picada
Sal a gosto

Para o recheio, doure a cebola e o alho no azeite, acrescente os demais ingredientes e deixe refogar. Espalhe o recheio delicadamente sobre a massa e leve ao forno para assar.

TORTA DE BRÓCOLIS E FRANGO

RECHEIO:
- 2 xícaras (de chá) de brócolis cozido e picado
- 1 peito de frango cozido e desfiado
- ¾ de xícara (de chá) de leite desnatado
- 12 azeitonas verdes picadas
- 2 colheres (de sopa) de maisena
- 2 colheres (de sopa) de óleo de soja ou azeite
- 1 cebola
- 2 dentes de alho picados
- Sal e pimenta-do-reino a gosto

MASSA:
- ½ xícara (de chá) de leite desnatado
- 2 ovos
- 3 colheres (de sopa) de margarina light derretida
- 50g de queijo ralado
- 1 colher (de sopa) de fermento em pó
- 3 xícaras (de chá) de farinha de trigo
- 1 colher (de chá) de sal

Em uma tigela, misture todos os ingredientes da massa até formar uma mistura homogênea. Forre o fundo de uma forma refratária untada com metade da massa. Para o recheio frite o alho e a cebola em 2 colheres (de sopa) de óleo. Em seguida coloque o brócolis, o frango, as azeitonas e o leite misturado com a maisena. Tempere com sal e pimenta e espalhe sobre a massa. Cubra com a outra parte da massa, pincele com gema e leve ao forno preaquecido por aproximadamente meia hora.

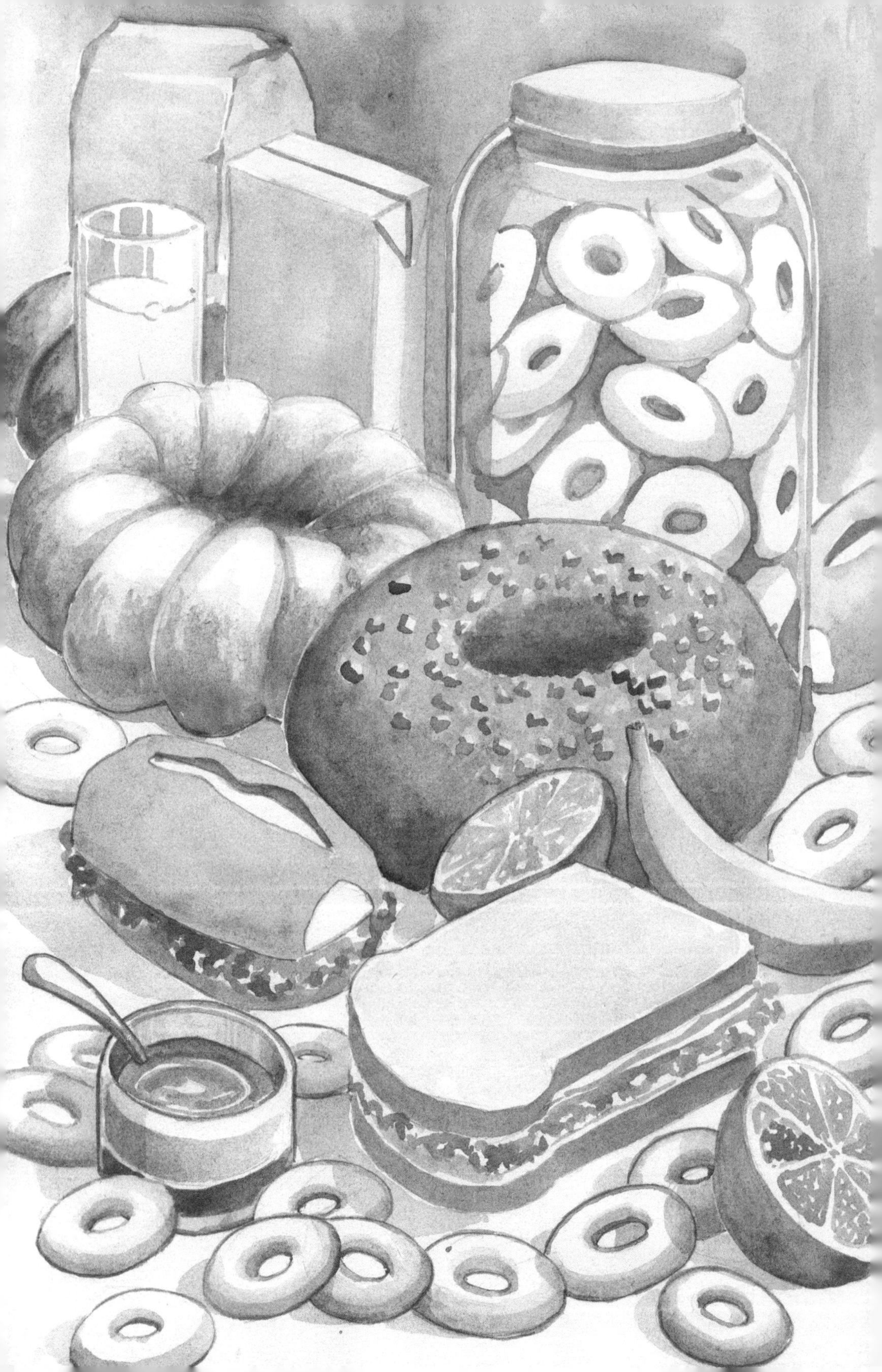

LANCHES

BARRINHAS DE GRANOLA

2 xícaras (de chá) de flocos de arroz ou de milho
4 xícaras (de chá) de aveia
½ xícara (de chá) de castanhas diversas picadas
3 colheres (de sopa) de farinha de glúten pura
2 colheres (de sopa) de amendoim torrado
2 colheres (de sopa) de sementes de gergelim
2 colheres (de sopa) de gérmen de trigo
1 pitada de sal

CREME:
½ xícara (de chá) de castanhas-do-pará
5 colheres (de sopa) de azeite de oliva
3 colheres (de sopa) de mel ou xarope de glicose, tipo Karo
3 xícaras (de chá) de suco de maçã

Em uma forma refratária ou assadeira, misture bem todos os ingredientes secos. Faça uma camada de aproximadamente um centímetro de altura. Bata no liquidificador os ingredientes do creme. Derrame o creme bem devagar, para que o líquido penetre bem entre os ingredientes secos, acerte com um colher de pau e comprima. Leve ao forno preaquecido a 150°C por aproximadamente 30 minutos. Retire do forno e espere esfriar. Depois de frio, cubra com papel alumínio ou filme e leve à geladeira de oito a dez horas. Corte as barrinhas ainda dentro da assadeira e sirva.

BISCOITINHOS DE FUBÁ

3 ovos
1 xícara (de chá) de fubá
2 colheres (de sopa) de margarina culinária
1 xícara (de chá) de açúcar
1 xícara (de chá) de amido de milho
1 xícara (de chá) de farinha de trigo
1 colher (de sopa) de fermento em pó
Erva-doce opcional

Em uma tigela misture bem todos os ingredientes. Deixe descansar por 30 minutos. Abra com um rolo, corte com o cortador de sua preferência. Arranje os biscoitinhos em uma assadeira untada e enfarinhada. Asse em forno médio preaquecido até começar a dourar. Tome bastante cuidado com a temperatura do forno, pois esse biscoitinho assa rapidamente.

BISCOITOS DE AMIDO DE MILHO

750g de amido de milho
1 lata de leite condensado light
3 gemas
3 colheres (de sopa) de manteiga light

Junte os ingredientes e mexa bem até dar ponto de enrolar. Faça rolinhos e corte-os em pedaços de 2 cm aproximadamente. Coloque-os numa forma untada e asse em forno moderado.

BISCOITOS DE AVEIA COM BANANAS

1½ xícara (de chá) de aveia em flocos finos
1½ xícara (de chá) de farinha de trigo
1 colher (de chá) de fermento em pó
1 colher (de chá) de canela em pó
100g de margarina light
1 xícara (de chá) de açúcar mascavo
1 ovo
¾ de xícara (de chá) de banana amassada
¼ de xícara (de chá) de uvas-passas sem sementes
½ colher (de chá) de sal

Bata bem a margarina com o açúcar até ficar fofo. Junte o ovo, a banana e as passas. Misture bem e acrescente o resto dos ingredientes. Pingue a massa com o auxílio de uma colher em um tabuleiro não untado. Asse em forno moderado de 15 a 20 minutos, desenforme depois de frio.

BISCOITOS DE GERGELIM

200g de gergelim
200g de margarina light culinária
1 ovo
1 gema (reserve a clara)
1 colher (de sopa) de fermento em pó
1 colher (de chá) de essência de baunilha
3½ xícaras (de chá) de farinha de trigo

Coloque os ingredientes secos numa tigela grande e misture bem. Aos poucos, com a ajuda de um garfo, vá juntando a margarina até obter uma farofa grossa. Acrescente a essência de baunilha, a gema e o ovo. Amasse bem com as pontas dos dedos. Com uma colher de sobremesa, pegue pequenas porções da massa, enrole e achate, dando o formato dos biscoitos. Coloque-os sobre um pano limpo. Em um prato fundo, bata levemente a clara do ovo com duas colheres (de sopa) de água. Coloque o gergelim em um prato fundo. Molhe a palma da mão na clara de ovo batida e passe suavemente nos biscoitinhos, um a um, e coloque-os no prato com o gergelim, envolvendo-os nas sementinhas. Coloque em uma assadeira sem untar. Asse em forno preaquecido, até que as sementes fiquem douradas. Retire do forno, espere esfriar. Guarde em um recipiente bem fechado. Eles podem durar até 15 dias.

BOLACHINHAS DE AVEIA COM COCO

3 xícaras (de chá) de aveia em flocos
½ xícara (de chá) de creme de leite
2 ovos
1½ xícara (de chá) de açúcar mascavo
1½ xícara (de chá) de coco ralado
Raspas de casca de limão
1 pitada de sal

Junte todos os ingredientes e misture bem. Unte uma forma e coloque a massa às colheradas. Leve ao forno até dourar.

BOLACHINHAS DE FRUTAS SECAS

1 xícara (de chá) de frutas secas
1½ xícara (de chá) de água
2 colheres (de sopa) de mel
1 xícara (de chá) de coco ralado
4 xícaras (de chá) de aveia em flocos
1 pitada de sal

Bata no liquidificador as frutas secas, a água e o mel. Despeje em uma tigela e junte o coco, a aveia e o sal. Misture bem. Pegue pequenas porções da massa, enrole e depois achate para dar o formato das bolachinhas. Coloque-as numa assadeira untada. Deixe espaço entre elas para não grudarem com o crescimento. Asse em forno médio.

BOLACHINHAS DE MANTEIGA

1 xícara (de chá) de creme de leite
3 colheres (de sopa) de manteiga
6 colheres (de sopa) de açúcar
1 pitada de sal
3 ovos
Farinha de trigo até dar ponto

Misture todos os ingredientes. Coloque a farinha aos poucos até dar ponto. Deixe descansar durante uma hora, faça bolinhas e achate-as com um garfo. Passe no açúcar cristal e asse em forno moderado.

BOLACHINHAS DE SOJA

2 xícaras (de chá) de açúcar mascavo
5 colheres (de sopa) de margarina culinária light
3 ovos
4 xícaras (de chá) de polvilho
1 xícara (de chá) de fubá
1 xícara (de chá) de farinha de soja

Misture o açúcar com a margarina e os ovos. Misture os ingredientes secos e sove até obter uma massa homogênea. Molde os biscoitinhos e leve para assar em forma untada com margarina, em forno médio preaquecido.

FRUTAS ASSADAS COM FLOCOS DE MILHO E DE ARROZ

½ xícara (de chá) de abacaxi cozido e escorrido cortados em cubinhos
½ xícara (de chá) de pêssegos cortados em fatias finas
½ xícara (de chá) de maçãs picadas
½ xícara (de chá) de bananas picadas em rodelas
½ xícara (de chá) de nozes bem picadinhas
2 colheres (de sopa) de passas ou de ameixas pretas picadas
1 colher (de sopa) de raspadinha de casca de laranja
1 xícara (de chá) de flocos de milho
½ xícara (de chá) de flocos de arroz (se não tiver, use mais meia xícara (de chá) de flocos de milho)
1 colher (de sopa) de mel ou xarope de glicose, tipo Karo
½ xícara (de chá) de suco de laranja
2 colheres (de sopa) de óleo de canola
1 colher (de sopa) de creme de amendoim ou gergelim

Numa panela, misture o suco de laranja, as raspadinhas de laranja, o mel e as passas. Deixe ferver por alguns minutos e acrescente as outras frutas. Assim que levantar fervura, desligue e coloque em uma forma refratária. Junte o óleo de canola e bata-o com o creme de amendoim ou gergelim. Misture o óleo batido com os flocos e coloque por cima das frutas. Asse em forno a 180°C por 20 a 30 minutos (verifique se os flocos estão crocantes). Sirva quente.

GELEIA DE AMORA

3 xícaras (de chá) de amoras
1 xícara (de chá) de açúcar (para forno e fogão)
Suco de um limão
½ colher (de sopa) de ágar-ágar

Coloque todos os ingredientes em uma panela e leve ao fogo, mexendo sempre, por 20 minutos aproximadamente ou até as frutas desmancharem. Deixe esfriar e coloque em um vidro com tampa. Guarde na geladeira.

GELEIA DE CAQUI

1kg de caquis vermelhos
750g de açúcar cristal
Casca de ½ limão
1 copo d'água

Retire cuidadosamente a parte dura do centro dos caquis, passe-os por uma peneira. Reserve. Leve ao fogo uma panela com o açúcar, a água e a casca do limão e junte os caquis reservados. Cozinhe em fogo brando, mexendo sempre até a geleia ficar bem encorpada. Deixe esfriar e guarde na geladeira em vidros bem fechados.

GELEIA DE CASCAS DE FRUTAS

Casca de 2 maçãs
Casca de 2 goiabas
Casca de 2 peras
1 xícara (de chá) de casca de mamão
3 xícaras (de chá) d'água
10 colheres (de sopa) de açúcar cristal

Coloque em uma panela 2 xícaras (de chá) de água e as cascas das maçãs, peras e goiabas, deixe ferver até amolecer. Reserve. Em outra panela, coloque as cascas do mamão com 1 xícara (de chá) d'água e deixe ferver até amolecer. Após o cozimento, despeje a água e reserve a casca de mamão. Bata as cascas das frutas com a água e a casca de mamão no liquidificador até formar um purê. Em uma panela, despeje o purê de frutas com o açúcar e deixe cozinhar até atingir o ponto de geleia.

Sirva com pães e torradas.

GELEIA DE CASCA DE MANGA

Casca de 3 mangas médias (tirar a casca com um pouco da polpa)
2 colheres (de sopa) de suco de limão
½ xícara (de chá) de açúcar light
1 xícara (de chá) d'água
1 colher (de chá) de ágar-ágar (gelatina vegetal)

Tire as cascas das mangas. Coloque em uma panela com a água e 2 colheres (de sopa) de açúcar light. Deixe ferver 10 minutos. Depois de fria, bata no liquidificador até formar uma pasta, volte para a panela, coloque o restante do açúcar, o limão, o ágar-ágar e cozinhe por aproximadamente 10 minutos ou até ficar cremosa; deixe esfriar. Conserve em geladeira. Use como cobertura para sorvetes e recheios de bolos ou de tortas.

GELEIA DE MORANGO

30 morangos bem lavados cortados ao meio
5 colheres (de sopa) de suco de limão
½ xícara (de chá) de adoçante em pó (forno e fogão)
1 colher (de chá) de ágar-ágar (gelatina vegetal)

Em uma panela, junte os morangos com o suco de limão, o adoçante e o ágar-ágar. Tampe e cozinhe por 12 minutos ou até que o morango amoleça e solte líquido. Mexa, retire do fogo, deixe esfriar e guarde em pote de geleia bem fechado.

GRANOLA

2½ xícaras (de chá) de flocos de milho
2½ xícaras (de chá) de aveia
½ xícara (de chá) de trigo integral
2½ xícaras (de chá) de flocos de milho
½ xícara (de chá) de mel ou Karo
½ xícara (de chá) de amendoim torrado sem casca
½ xícara (de chá) de castanhas variadas (amêndoas, avelãs, gergelim) picadas
½ xícara (de café) de sal
100g de coco ralado (opcional)
½ xícara (de chá) de castanhas-do--pará
1 xícara (de chá) de suco de maçã
4 colheres (de sopa) de azeite de oliva
1 xícara (de chá) de uvas passas sem sementes

Em uma tigela funda, bata o suco de maçã, o mel, o azeite de oliva e o sal junto às castanhas-do-pará até formar um creme. Misture aveia com o trigo e as castanhas quebradas e o amendoim. Despeje o creme, misturando bem com as mãos para que a massa fique úmida e homogênea. Espalhe em uma forma refratária uma camada da massa com um centímetro aproximadamente. Leve ao forno preaquecido à 150ºC. Deixe por quinze minutos, abra o forno e com uma colher de pau de cabo longo, mexa a granola, feche o forno e deixe até corar (mais ou menos 10 a 15 minutos). Retire do forno e acrescente os flocos de milho, o coco ralado e as passas. Misture bem. Espere esfriar, guarde em latas bem fechadas.

HAMBÚRGUER DE ABOBRINHA

4 xícaras (de chá) de abobrinha ralada
3 dentes de alho amassados
2 colheres (de chá) de orégano
2 colheres (de sopa) de salsinha picada
2 colheres (de sopa) de maionese light (ver pág. 35)
8 colheres (de sopa) de farinha de trigo
6 colheres (de sopa) de farinha de rosca
Sal e pimenta-do-reino a gosto
Óleo de milho para fritura

Rale a abobrinha no ralo grosso, tempere com o alho, a salsa, o orégano, o sal e a pimenta. Acrescente as farinhas, misturando bem. Modele os hambúrgueres e frite-os dos dois lados em frigideira com óleo o suficiente para não grudar.

HAMBÚRGUER DE SOJA

2 xícaras (de chá) de proteína de soja texturizada
1 xícara (de chá) de aveia em flocos finos
4 colheres (de sopa) de farinha de trigo integral
1 colher (de sopa) de sementes de gergelim
2 colheres (de sopa) de shoyu
Sal a gosto
2 ovos
1 cebola picada
3 dentes de alho amassados

Hidrate a proteína de soja com 2 xícaras (de chá) de água morna e deixe por ½ hora, esprema bem e acrescente todos os ingredientes. Amasse e forme os hambúrgueres. Frite em frigideira antiaderente untada com óleo de milho ou de canola. Doure dos dois lados.

MANTEIGA DE SOJA

1 xícara (de chá) de água
¼ de xícara (de chá) de extrato de soja
2 colheres (de sopa) de amido de milho
Sal a gosto
¼ de xícara (de chá) de azeite ou óleo de milho

Misture bem os quatro primeiros ingredientes e deixe ferver até ficar cremoso. Retire do fogo e deixe esfriar. Depois de frio, bata o creme no liquidificador, acrescentando vagarosamente o azeite ou óleo de milho, até alcançar a consistência de manteiga.

MARGARINA DE SOJA

½ xícara (de chá) de extrato de soja
½ xícara (de chá) de água
Prepare com ou sem sal (a gosto)
½ xícara (de chá) de óleo de canola

Junte tudo e bata no liquidificador. Guarde em frasco fechado na geladeira.

ROSCA DE FRUTAS SECAS

40g de fermento biológico
½ xícara (de chá) de açúcar mascavo
½ xícara (de chá) de leite desnatado morno
1 lata de creme de leite light
1 ovo
2 xícaras (de chá) de farinha de trigo integral
2 xícaras (de chá) de farinha de trigo branca
100g de margarina light
2 xícaras (de chá) de frutas cristalizadas picadas
1 xícara (de chá) de uvas-passas sem sementes
1 gema para pincelar
Açúcar cristal para polvilhar

Dissolva o fermento no leite morno. Reserve. Em uma tigela grande misture o creme de leite, a margarina, o ovo, o açúcar e o sal. Mexa bem, coloque as farinhas devagar. Continue mexendo até formar uma massa homogênea e fofa (não sove). Cubra a massa com plástico e deixe crescer até dobrar de volume. Abra a massa em formato retangular, espalhe as frutas e as passas e enrole como rocambole. Dê formato de rosca, unindo as pontas. Transfira a rosca para uma assadeira redonda, untada e enfarinhada e, com auxílio de uma tesoura, faça cortes em toda a volta da rosca, com 5cm de distância. Deixe crescer por mais 30 minutos, pincele com gema de ovo e polvilhe com açúcar cristal, assando em forno médio por aproximadamente 30 minutos.

ROSCA DE LARANJA

MASSA:

- 2 tabletes de fermento biológico (30g)
- 5 colheres (de sopa) de açúcar mascavo
- 1 pote de iogurte natural desnatado
- 4 xícaras (de chá) de farinha de trigo
- 2 ovos
- 100g de margarina light
- 2 xícaras (de chá) de laranja cristalizada em cubos pequenos
- 1 ovo para pincelar

Dissolva o fermento em ¼ de xícara (de chá) de suco de laranja morno mais uma colher (de sopa) de farinha e uma colher (de sopa) de açúcar, misture bem e reserve por alguns minutos. Em uma tigela, coloque a farinha de trigo e abra uma cavidade, coloque o fermento já crescido e o restante dos ingredientes. Incorpore a farinha aos poucos e sove até obter uma massa homogênea sem grudar nas mãos. Cubra a massa e deixe crescer até dobrar de volume.

Divida a massa em quatro partes. Abra a massa com um rolo e distribua a laranja cristalizada. Enrole como rocambole. Junte as extremidades de dois rolos e trance-os. Coloque em assadeira untada e enfarinhada, pincele com a gema e deixe crescer por meia hora. Leve para assar em forno médio preaquecido por cerca de 30 minutos.

COBERTURA:

- 1 xícara (de chá) de açúcar de confeiteiro
- 3 colheres (de sopa) de suco de laranja natural

Misture o açúcar de confeiteiro e o suco de laranja e espalhe sobre as tranças ainda quentes.

ROSQUINHAS DE BANANA COM SOJA

- 2 bananas-nanicas maduras
- 1 xícara (de chá) de farinha de soja
- 3 xícaras (de chá) de farinha de trigo
- ½ xícara (de chá) de açúcar mascavo
- 1 colher (de sopa) de margarina light
- 1 ovo
- 1 colher (de sobremesa) de fermento em pó
- 1 colher (de café) de sal
- 1 colher (de sobremesa) de canela em pó
- 3 colheres (de sopa) de açúcar
- Óleo de milho para fritar

Amasse as bananas com um garfo. Misture os demais ingredientes, exceto a canela e o açúcar, e forme uma massa homogênea. Com a massa, molde rosquinhas a seu gosto e frite em óleo bem quente. Deixe escorrer o excesso de óleo em papel absorvente e, em seguida, passe-as na mistura de açúcar e canela.

SANDUÍCHE COM BANANA

4 fatias de pão de forma
3 bananas-prata cortadas em rodelas e fritas na manteiga (passar na farinha de trigo antes de fritar)
2 colheres (de sopa) de maionese sem ovos (ver pág. 35)
2 colheres (de sopa) de catchup
8 rodelas de tomate
8 folhas de alface
Sal a gosto

Passe a maionese sobre a fatia de pão. Sobre a maionese, coloque as rodelas de banana frita. Em seguida, coloque a alface e o tomate, regue com catchup e salpique sal a gosto.

SANDUÍCHE COM BETERRABA

6 pães amanteigados para lanche
10 azeitonas pretas em rodelas
6 colheres (de sopa) de pasta de tofu picante (ver pág. 42)
6 folhas de alface crespa
2 beterrabas cruas raladas
Catchup (ver pág. 33)
Sal a gosto

Abra os pães, passe a pasta de tofu picante, um pouco de beterraba ralada, azeitonas, alface e, por último, catchup e sal. Feche os pães e sirva.

SANDUÍCHE COM PALMITO

4 fatias de pão integral
4 folhas de alface roxa
12 fatias de palmito
4 colheres (de sopa) de creme de tofu cremoso (ver pág. 41)
Gengibre em pó
Sal, vinagre de maçã e azeite de oliva a gosto

Passe o creme de tofu no pão, arrume a folha de alface e as fatias de palmito. Salpique o gengibre e tempere com sal, vinagre e azeite.

SANDUÍCHE COM SALMÃO

1 baguete
300g de salmão defumado fatiado
1 copo de requeijão light
Folhas de manjericão
2 colheres (de sopa) de alcaparras

Corte a baguete ao meio, passe uma farta camada de requeijão, coloque as fatias de salmão, o manjericão e as alcaparras.

SANDUÍCHE DE PÃO FRANCÊS COM ESCAROLA

6 pães franceses
1 pote de queijo cottage
1 pé de escarola refogado com 4 dentes de alho e azeite
150g de tomate seco
Queijo ralado

Corte os pães ao meio, tire parte do miolo, passe uma camada de queijo cottage sobre o queijo, arrume a escarola refogada, o tomate seco e por último o queijo ralado.

SANDUÍCHE DE PEPINO COM CURRY

4 pães pequenos redondos com gergelim para lanches
1 pepino cortado em rodelas finas (deixar 15 minutos no suco de limão com sal)
1 colher (de chá) de curry em pó
1 cenoura ralada
8 rodelas de tomate maduro
Azeite de oliva e mostarda misturados
Sal a gosto

Abra os pães, passe o azeite, coloque a cenoura ralada e as rodelas de pepino, salpique o curry em pó, coloque as rodelas de tomate e regue com azeite e a mostarda misturadas, sal a gosto.

SANDUÍCHE DE REPOLHO COM CENOURA

4 pães pequenos de batatas ou outro a seu gosto
1 xícara (de chá) de repolho ralado
1 xícara (de chá) de cenoura ralada
2 colheres (de sopa) de catchup
2 colheres (de sopa) de mostarda
6 minipepinos em conserva cortados bem fininhos
4 folhas de alface crespa
½ colher (de sopa) de açúcar
Sal a gosto
Maionese de cenoura (ver pág. 36)

Misture bem o catchup, a mostarda, o sal e o açúcar. Junte o repolho, a cenoura e a maionese. Espalhe a mistura sobre as metades dos pães, use uma folha de alface para cada sanduíche, espalhe também as fatias dos minipepinos. Tampe com a outra metade do pão e sirva em seguida.

SANDUÍCHE DE RICOTA

4 pães sírios
200g de ricota amassada e temperada com sal e orégano
1 abobrinha cortada em fatias, passadas na farinha de trigo e ligeiramente fritas
1 pimentão vermelho cortado em tirinhas
1 pimentão verde cortado em tirinhas
2 tomates fatiados
Shoyu, sal e azeite

Espalhe a ricota temperada em cada pão, arrume as abobrinhas por cima da ricota, em seguida os tomates fatiados, os pimentões e por último regue com shoyu e azeite e salpique sal. Sirva cada pão em um prato para lanche.

SANDUÍCHE DE TOFU E TOMATES

4 pães franceses
2 tomates vermelhos em fatias
8 fatias finas de tofu (ver pág. 41)
2 cenouras pequenas raladas
Azeite de oliva
Mostarda e sal a gosto

Abra o pão, retire parte do miolo. Passe mostarda na parte de dentro, coloque duas fatias de tofu, o tomate, a cenoura ralada, sal a gosto e regue com azeite, feche os pães e sirva.

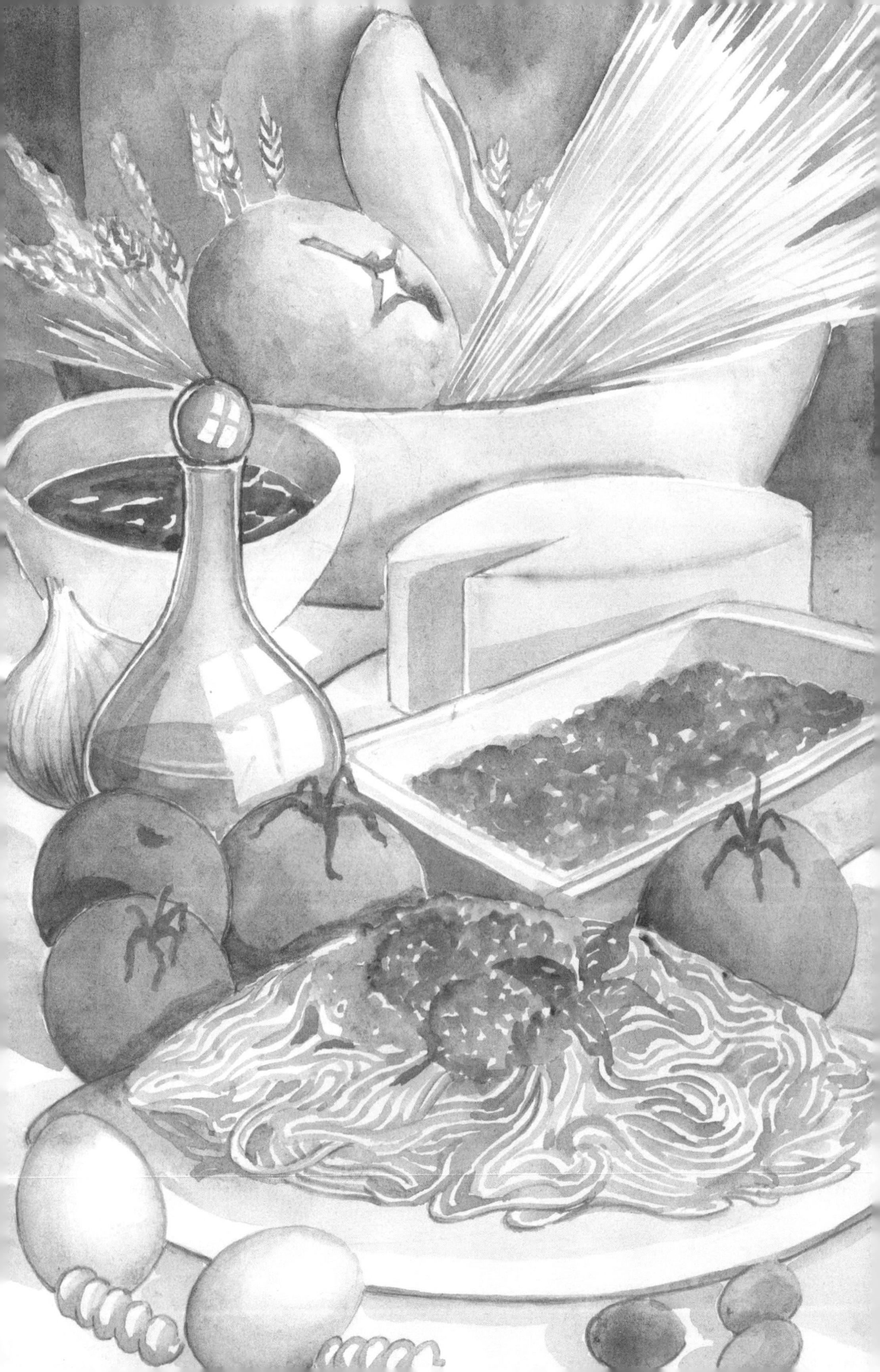

MASSAS E SEUS MOLHOS

BOLO COM MASSA DE LASANHA

RECHEIO:

- 4 colheres (de sopa) de azeite
- 3 cenouras picadas
- 1 abobrinha (média) picada
- 4 dentes de alho picados
- 2 xícaras (de chá) de cogumelos picados
- 1 maço de espinafres
- 2 colheres (de sopa) de manjericão fresco e picado
- 1 ovo batido
- 300g de ricota
- 100g de queijo ralado
- 2 xícaras (de chá) de mussarela ralada
- Sal e pimenta-do-reino a gosto
- 500g de massa pré-cozida para lasanha
- 1½ xícara (de chá) de molho de tomate ao sugo caseiro

Aqueça a metade do azeite, junte a cenoura, a abobrinha e a metade do alho. Refogue até que fiquem macias. À parte, refogue o cogumelo com o restante do alho e do azeite. Cozinhe por 8 minutos, adicione o espinafre e mexa até murchar. Retire do fogo e coloque em uma peneira para escorrer. Junte o manjericão e mexa. Reserve. Misture o ovo com a ricota, o queijo ralado e tempere com sal e pimenta. Reserve.

MONTAGEM:

Forre o fundo de uma forma de aro removível com papel alumínio pelo lado de fora para evitar vazamento. Espalhe ½ xícara (de chá) de molho de tomate, faça uma camada de massa e cubra com o espinafre. Coloque a metade da ricota e faça outra camada de massa. Regue com ½ xícara (de chá) de molho de tomate e ponha toda a mistura da cenoura e o restante da ricota. Polvilhe com a mussarela. Repita as camadas com o restante dos ingredientes, pressione levemente com uma espátula e leve ao forno médio até aquecer completamente.

BOLO DE MACARRÃO COM ATUM

1 lata de atum
300g de macarrão parafuso cozido
100g de migalhas de pão amanhecido
2 colheres (de sopa) de margarina
3 ovos
½ pimentão verde
2 ramos de cebolinha
4 ramos de salsa
200g de queijo parmesão ralado ou queijo prato cortado em cubos
1½ xícara (de chá) de leite quente
Sal a gosto
Margarina e farinha de rosca

Coloque em uma tigela as migalhas de pão e macarrão cozido e misture bem. No liquidificador coloque os ovos, a margarina, o sal, a cebolinha e a salsa cortadinhas, o queijo e o atum. Tampe e bata por 5 minutos. Sem parar de bater, acrescente o leite quente. Bata mais 2 minutos, coloque esta mistura sobre o macarrão cozido e misture bem. Em uma forma de buraco, untada com a margarina e polvilhada com farinha de rosca, coloque a massa e asse em forno com temperatura moderada. Pode ser servido quente ou frio.

ESPAGUETE COM ATUM

5 tomates picados sem pele e sem sementes
1 lata de atum
1 pacote de macarrão espaguete
1 cebola picada
3 dentes de alho amassados
4 colheres (de sopa) de azeite
Sal e pimenta-do-reino a gosto

Em uma panela frite o alho e a cebola no azeite até dourar. Acrescente o tomate, o sal e a pimenta e cozinhe por 15 minutos. Adicione o atum, cozinhe por mais 8 minutos e reserve. Ferva o macarrão com água e sal até ficar al dente. Escorra, coloque em uma travessa e despeje o molho por cima. Sirva quente.

ESPAGUETE COM BACALHAU

300g de bacalhau dessalgado, fervido e desfiado
6 tomates maduros picados
3 dentes de alho amassados
4 colheres (de sopa) de azeite
4 colheres (de sopa) de manjericão fresco picado
Sal e pimenta-do-reino a gosto
1 pacote de 500g de espaguete cozido al dente
1 xícara (de chá) de água

Em uma panela refogue o alho no azeite. Adicione o bacalhau desfiado e cozinhe até ficar macio. Acrescente o tomate, a água, o sal e a pimenta. Cozinhe por aproximadamente 20 minutos. Tire do fogo, acrescente o manjericão e o espaguete, mexa delicadamente e sirva em seguida.

LASANHA DE ABOBRINHA

10 tomates maduros batidos no liquidificador
1 cebola picada
2 dentes de alho amassados
3 colheres (de sopa) de azeite
1 colher (de chá) de orégano
600g de ricota
3 colheres (de sopa) de queijo ralado
2 abobrinhas fatiadas bem finas
300g de massa de lasanha cozida
Sal e pimenta-do-reino a gosto

Refogue a cebola e o alho no azeite em uma panela, acrescente os tomates e o orégano, cozinhe por vinte minutos aproximadamente, acrescente o sal e a pimenta.

MONTAGEM:
Em uma forma refratária arrume a lasanha em camadas, na seguinte ordem: primeiramente o molho, em cima dele coloque uma camada de massa de lasanha, depois a ricota amassada e misturada com o queijo ralado e a salsinha, o sal, a pimenta-do-reino e uma camada de abobrinha. Vá fazendo camadas até terminar em molho. Cubra com papel alumínio e leve ao forno quente por aproximadamente 30 minutos

LASANHA DE PANQUECAS

MASSA:
1 xícara (de chá) de talos de beterraba
2 xícaras (de chá) de farinha de trigo
3 xícaras (de chá) de leite
2 ovos
2 colheres (de sopa) de margarina light
3 colheres (de sopa) de azeite
Sal a gosto

Bata tudo no liquidificador, frite as panquecas em frigideira untada com óleo. Reserve.

RECHEIO:
1 lata ou vidro de palmitos picados
2 colheres (de sopa) de azeite
1 cebola picada
3 dentes de alho amassados
2 tomates picados
2 colheres (de sopa) de farinha de trigo
3 colheres (de sopa) de água
½ lata de creme de leite gelado e sem soro

Doure o alho e a cebola no azeite, acrescente o palmito com a própria água e deixe cozinhar até ficar macio; acrescente os tomates e deixe desmanchar, dissolva a farinha na água, acrescente ao palmito sem parar de mexer. Quando encorpar, desligue o fogo, acrescente o creme de leite, prove o sal e reserve.

MONTAGEM:
Em um refratário coloque um pouco de molho de tomate de sua preferência. Arrume uma camada de panqueca e uma de recheio até terminar as panquecas e o recheio; por último cubra com molho de tomate e salpique o queijo ralado. Leve ao forno. Quando estiver aquecida e o queijo derretido, tire do forno e sirva.

MACARRÃO AO CREME DE MANJERICÃO

½kg de macarrão grano duro (parafuso)
½ maço de manjericão
200g de catupiry ou requeijão light
6 tomates maduros

Cozinhe o macarrão *al dente*, pique os tomates em cubos sem as sementes. Quando o macarrão estiver cozido, ainda na panela, coloque o catupiry ou requeijão, os tomates e o manjericão. Mexa delicadamente colocando em seguida na travessa para servir.

MACARRÃO COM FRANGO E PÁPRICA

½kg de peito de frango em cubos
3 dentes de alho picadinhos
1 cebola (média) picadinha
3 colheres (de sopa) de óleo de soja ou azeite
Sal e alecrim a gosto
1 colher (de sopa) de páprica doce
1 embalagem de creme de leite (250gr)
500g de macarrão penne

Frite o alho e a cebola no óleo, acrescente o frango em cubos, deixe dourar bem. Junte o alecrim e o sal, acrescente 2 xícaras (de chá) de água fervente e deixe no fogo até o frango ficar macio. Acrescente o creme de leite e a páprica e coloque sobre o macarrão cozido. Sirva quente.

MACARRÃO COM MOLHO DE AGRIÃO

½kg de macarrão grano duro (lacinho ou penne)
½ maço de agrião
150ml de azeite
150g de queijo branco
100g de tomates secos picados
Sal e pimenta-do-reino

Bata no liquidificador o agrião com azeite, sal e pimenta. Prove o sal e reserve. Cozinhe o macarrão *al dente*, escorra e misture com o molho de agrião, tomate seco e o queijo branco cortado em cubos. Passe para uma travessa e decore com galhinhos de agrião.

MASSA DE GLÚTEN

1kg de farinha de glúten e água

Aos poucos, misture a água na farinha até formar uma massa bem dura, como se fosse uma massa de pão. Em uma bacia, coloque bastante água e lave a massa, trocando a água várias vezes.

O resíduo que sair na água é o amido e o farelo de glúten, que devem ser descartados nessa receita.

A pequena quantidade de massa que restou é o glúten, a proteína do glúten, uma substância pegajosa e cinzenta, que você pode usar das mais variadas formas

A massa de glúten pode ser comprada já pronta. Você só vai temperar a seu gosto. (Veja sugestão de Bife de Glúten – pág. 113)

MASSA DE SOJA

Essa massa é utilizada em vários pratos. Você pode comprá-la pronta em casas de produtos naturais.

3 xícaras (de chá) de soja
4½ xícaras (de chá) de água fervendo

Escolha e lave bem a soja. Coloque-a em água fervendo por quatro minutos e deixe de molho na mesma água por doze horas. Cozinhe em panela de pressão por 40 minutos. Bata no liquidificador. (Veja sugestão de Bife de Soja – pág. 113)

MASSA PARA BOLO SALGADO

5 ovos
1 xícara (de chá) de maionese light
1 xícara (de chá) de amido de milho
1 xícara (de chá) de farinha de trigo integral
1 xícara (de chá) de farinha de trigo comum
1½ xícara (de chá) de leite desnatado morno
50g de queijo ralado
1 colher (de sopa) de sal
1 colher (de sopa) de fermento em pó

Bata, na batedeira, as gemas com a maionese, o amido de milho, o sal e o queijo ralado. Aos poucos, acrescente, alternadamente, as farinhas e o leite amornado. Reserve. Bata as claras em neve e misture com os outros ingredientes. Por último coloque o fermento, mexendo suavemente. Coloque em uma assadeira untada e enfarinhada. Leve ao forno preaquecido por aproximadamente 40 minutos. Quando a massa estiver assada, recheie a gosto (ver receitas nas págs. 147/148) e sirva com acompanhamento.

MASSA PARA PANQUECAS COM AVEIA

1 ovo
3 colheres (de sopa) de açúcar (dispensar se o recheio for salgado)
2 colheres (de sopa) de sal
2 colheres (de sopa) de óleo de milho
2 xícaras (de chá) de leite
1 xícara (de chá) de aveia
½ xícara (de chá) de amido de milho
1 xícara (de chá) de farinha de trigo
2 colheres (de chá) de fermento em pó

Misture os ingredientes pela ordem em que foram listados, mexa até obter uma massa líquida e grossa; aqueça uma frigideira com manteiga, despeje às colheradas formando as panquecas e frite os dois lados até ficarem dourados.

Recheie com doce ou salgado a seu gosto.

MASSA PARA PANQUECAS COM CENOURA

2 cenouras médias
3 xícaras (de chá) de leite desnatado
2 ovos
2½ xícaras (de chá) de farinha de trigo
4 colheres (de sopa) de óleo de milho ou azeite
Sal a gosto

Descasque as cenouras, rale-as e bata no liquidificador junto com os demais ingredientes.

Deixe a massa descansar por 10 minutos. Use uma panquequeira untada com óleo, despeje às colheradas formando as panquecas, frite os dois lados. Recheie a gosto.

MASSA PARA PANQUECAS COM IOGURTE

200g de iogurte natural desnatado (um copinho)
½ xícara (de chá) de leite desnatado
1 colher (de sopa) de mel
1 ovo
1 xícara (de chá) de farinha de trigo

Bata os ingredientes no liquidificador e deixe descansar por oito minutos. Unte uma frigideira antiaderente com margarina e faça panquecas grossas. Deixe dourar dos dois lados. Sirva com geleias.

MASSA PARA PANQUECAS SEM OVOS

9 colheres (de sopa) de aveia de flocos finos
5 colheres (de sopa) de polvilho doce
3 xícaras (de café) d'água
Sal e orégano a gosto

Por não conter ovos e farinha de trigo, a cor dessa massa fica mais escura e sua consistência fica diferente das massas comuns.

Misture todos os ingredientes da massa, adicione a água e bata no liquidificador. Numa frigideira, com um pouco de óleo, despeje a massa aos poucos e frite dos dois lados.

MASSA PARA SALGADINHOS (I)

2 xícaras (de chá) de água
1 colher (de sopa) de sal
2 colheres (de sopa) de gordura vegetal
1 colher (de chá) de curry em pó
2 xícaras (de chá) de farinha de trigo integral
1¾ de xícara (de chá) de farinha de trigo comum

Em uma panela, coloque a água, o sal, a gordura e o curry. Leve ao fogo até ferver. Retire a panela do fogo e coloque as duas farinhas. Mexa até encorpar e formar uma massa homogênea. Volte ao fogo, mexendo de três a quatro minutos para que a massa cozinhe. Despeje sobre uma pedra e, antes que esfrie, sove bem para que a massa fique leve. Modele os salgadinhos e recheie a seu gosto. Você pode usar essa massa para coxinhas, risoles, pasteizinhos e bolinhas de queijo.

MASSA PARA SALGADINHOS (II)

1½ xícara (de chá) de leite desnatado
4 xícaras (de chá) de farinha de trigo
3 colheres (de sopa) de margarina light
½ pacote de creme de queijo ou de cebola
1 cebola média picadinha ou ralada
2 gemas
Sal a gosto

Em uma panela, coloque o leite, a margarina, a cebola picadinha e o creme. Deixe até ferver. Tire do fogo e acrescente a farinha de trigo de uma só vez, misture bem, volte a panela, tire do fogo e coloque as gemas ligeiramente batidas. Sove bem a massa e utilize o recheio e formato de sua preferência.

MASSA PARA TORTAS (I)

½ pacote de gordura vegetal
½ lata de guaraná (refrigerante)
½kg de farinha de trigo

Misture todos os ingredientes até formar uma massa macia que não grude nas mãos; deixe na geladeira por ½ hora. Abra a massa com o rolo e faça a torta com o recheio de sua preferência. Doce ou salgada.

MASSA PARA TORTAS (II)

500g de farinha de trigo
200g de maionese light

Misture a farinha e a maionese, e amasse bem. Use a massa com o recheio de sua preferência. Leve ao forno.

MEU MACARRÃO

500g de macarrão grano duro penne
2 colheres (de sopa) de óleo de canola
2 dentes de alho amassados
1 cebola ralada
1kg de tomates
100g de azeitonas pretas
100g de alcaparras em conserva
1 colher (de chá) de shoyu
1 caixinha de creme de leite light
Queijo ralado
Sal a gosto

Em uma panela coloque o óleo, a cebola, o alho, e deixe dourar. Coloque os tomates batidos no liquidificador com 1 xícara (de chá) de água. Deixe ferver, abaixe a chama e cozinhe por ½ hora. Acrescente as azeitonas, o sal, o shoyu e as alcaparras. Ferva por mais 15 minutos. Coe o macarrão e reserve. Em um refratário fundo misture o molho com o macarrão. Misture bem, espalhe o creme de leite por cima do macarrão, polvilhe com queijo ralado e leve ao forno até começar a borbulhar. Sirva em seguida.

MOLHO À BOLONHESA NATURAL

1 xícara (de chá) de proteína de soja texturizada (carne moída de soja)
2 xícaras (de chá) de água quente
4 colheres (de sopa) de azeite
1 cebola picada
4 dentes de alho amassados
1kg de tomates maduros
2 colheres (de sopa) de salsinha
1 colher (de chá) de curry
Sal a gosto
1 xícara (de chá) de água fervendo

Coloque a proteína de soja em um recipiente e adicione a água quente. Deixe hidratar por 30 minutos. Em uma panela com o azeite, coloque a cebola e o alho; deixe dourar. Esprema a proteína de soja e junte na panela com a cebola e o alho. Mexa bem, coloque o sal e o curry e em seguida os tomates afervantados sem pele e cortados em cubos. Deixe cozinhar um pouco e acrescente 1 xícara (de chá) de água fervendo. Deixe cozinhar em fogo lento por aproximadamente 45 minutos ou até o molho estar bem apurado. Por último coloque a salsinha.

MOLHO BRANCO BÁSICO

1 cebola média ralada
2 colheres (de sopa) de margarina light
1½ colher (de sopa) de farinha de trigo dissolvida em 1½ xícara (de chá) de leite desnatado
Sal e pimenta-do-reino-branca a gosto
1 colher (de chá) de noz-moscada

Em uma panela doure a cebola na margarina, adicione a mistura de farinha e o leite. Deixe cozinhar por cinco minutos, mexendo sempre para não empelotar; acrescente o sal, a pimenta e a noz-moscada.

MOLHO DE CENOURA

4 colheres (de sopa) de azeite
2 cenouras raladas
1 cebola picadinha
3 dentes de alho amassados
10 azeitonas fatiadas
6 tomates maduros batidos no liquidificador com 1 xícara (de chá) de água
Sal e pimenta a gosto

Em uma panela doure a cebola e o alho no azeite. Junte a cenoura ralada e deixe refogar por 5 minutos. Adicione o tomate e deixe ferver por 30 minutos, mexendo de vez em quando. Acrescente o sal, a pimenta e as azeitonas.

MOLHO DE LINGUIÇA DE FRANGO

½kg de linguiça de frango
3 dentes de alho amassados
1 ramo de salsa picada
4 colheres (de sopa) de azeite de oliva
2 colheres (de sopa) de margarina light

1 cebola picada

1 folha de louro amassada, ou uma colher (de chá) de louro em pó

½ xícara (de chá) de vinho branco seco

2 colheres (de sopa) de salsão cortado bem fino

1 cenoura ralada

6 tomates maduros picados

1 colher (de sopa) de café de noz-
-moscada

Sal e pimenta-do-reino a gosto

Corte a linguiça em pedaços pequenos; em uma panela misture a margarina, o azeite, o alho e a cebola até dourar, junte a linguiça e deixe fritar por igual. Adicione a salsa e o louro, misture bem e cozinhe por 10 minutos. Junte o vinho, mexa e cozinhe em fogo brando por 10 minutos. Adicione o salsão, a cenoura e os tomates. Misture e cozinhe por mais 10 minutos. Adicione a noz-moscada, o sal e a pimenta e cozinhe por aproximadamente meia hora.

MOLHO DE MANGA

2 colheres (de sopa) de azeite

½ cebola ralada

2 dentes de alho amassados

½ manga picada

2 colheres (de sopa) de casca de manga picada

1 colher (de chá) de noz-moscada

1 xícara (de chá) de água

Sal a gosto

Doure a cebola e o alho no azeite, coloque a casca de manga picada e deixe refogar. Coloque a água, o sal, a noz-moscada e a manga picada. Deixe cozinhar até formar um molho.

MOLHO DE MELANCIA

½ melancia: só a polpa sem as sementes

5 tomates pequenos

3 colheres (de sopa) de azeite

1 cebola picada

3 dentes de alho amassados

Sal a gosto

Bata a polpa da melancia no liquidificador e reserve na geladeira. Em uma panela, aqueça o óleo, acrescente a cebola e o alho e deixe dourar. Coloque os tomates e deixe dar uma fritadinha. Adicione o suco da melancia e o sal, deixe apurar até tomar a consistência de um molho grosso. Despeje sobre o macarrão cozido ainda quente.

MOLHO DE TOMATE NATURAL

8 tomates maduros cortados em quatro

1 cebola grande picada

Sal a gosto

Água

Em uma panela, coloque os tomates, a cebola picada, o sal e água que cubra os ingredientes. Leve ao fogo e deixe por 15 minutos. Depois que começar a fervura, tire do fogo e deixe esfriar. Quando estiver morno, bata no liquidificador com 1 colher (de chá) de orégano e 1 colher (de sopa) de azeite. Leve ao fogo novamente, deixe ferver para engrossar. Use em lanches e pizzas.

MOLHO SIMPLES DE TOMATE

3 colheres (de sopa) de azeite
2 colheres (de sopa) de margarina light
1 cebola picada
3 dentes de alho amassados
4 xícaras (de chá) de suco de tomate (tomates afervantados batidos no liquidificador)
1 colher (de sopa) de açúcar mascavo
Sal e pimenta-do-reino a gosto

Frite a cebola e o alho no azeite e margarina até ficarem dourados. Acrescente os ingredientes restantes e cozinhe em panela aberta, em fogo baixo por 50 minutos, mexendo sempre.

NHOQUE DE ABÓBORA

200g de farinha de trigo
1 xícara (de chá) de leite
1½ xícara (de chá) de abóbora cozida
Sal a gosto
Manteiga light
Queijo ralado

Amasse a abóbora, junte o sal, a farinha de trigo e o leite. Misture até tomar consistência. Faça bolinhas; passe-as na farinha e cozinhe em água fervente. Quando começarem a subir, os nhoques estarão cozidos. Passe para uma travessa e salpique manteiga derretida e queijo ralado.

NHOQUE DE BATATAS

750g de batatas inglesas
1 xícara (de chá) de farinha de trigo
2 colheres (de sopa) de margarina light
3 gemas
Sal a gosto
Queijo parmesão ralado

Cozinhe as batatas, descasque-as, passe pelo espremedor, junte a farinha às batatas ainda mornas, adicione as gemas, a margarina e o sal. Amasse ligeiramente, sem sovar, para obter uma massa leve. Faça rolinhos e corte em pedaços de 2cm. Aperte levemente com o garfo e cozinhe em água com sal e uma colher (de sopa) de óleo até os nhoques subirem. Sirva com molho de tomate e salpique queijo ralado.

NHOQUE DE BATATAS EM CAMADAS

600g de batatas
1 copo de requeijão light
Sal a gosto

1ª OPÇÃO:
Cozinhe as batatas, tire as cascas, passe-as pelo espremedor, misture o requeijão. Se a batata for aguada e a massa ficar muito mole, acrescente um pouco de flocos de batatas. A massa já está pronta. Agora faça rolinhos e corte as rodelas. Se preferir, faça bolinhas. Arrume em uma travessa refratária, junte molho de

tomate quente, polvilhe com queijo ralado e leve ao forno para aquecer durante 10 minutos.

2ª OPÇÃO:

Essa massa também pode ser montada, em camadas, da seguinte maneira: esparrame um pouco do molho no fundo da travessa, abra a massa na palma da mão com mais ou menos 1cm de espessura. Arranje sobre o molho. Faça camadas até terminar a massa. Por último, coloque o molho, polvilhe com queijo ralado e leve ao forno para aquecer durante 10 minutos.

NHOQUE DE MANDIOQUINHA COM MOLHO DE SHITAKE

MASSA:
700g de batatas cozidas com as cascas
300g de mandioquinhas cozidas
1 ovo
1 colher (de sobremesa) de margarina culinária
1½ xícara (de chá) de farinha de trigo
1 colher (de sopa) de sal

Passe as batatas e as mandioquinhas pelo espremedor, misture bem com um garfo, abra um buraco no centro e coloque o ovo e a manteiga. Acrescente a farinha de trigo aos poucos e misture com um garfo até formar uma massa homogênea. Faça um rolo com a massa e deixe descansar por 10 minutos, espalhe farinha em uma superfície lisa, corte a massa e faça rolos finos. Corte os rolos em pedaços pequenos. Reserve. Em uma panela, ferva a água e o sal. Coloque os nhoques e cozinhe até que subam. Retire os nhoques com a ajuda de uma escumadeira, coloque-os em um escorredor de macarrão. Reserve.

MOLHO:
¼ xícara (de chá) de azeite
2 dentes de alho amassados
1 folha de louro
1 cebola cortada em rodela bem finas
2 xícaras (de chá) de shitakes picados em tiras
2 xícaras (de chá) de cogumelos frescos cortados em lâminas
2 colheres (de sopa) de vinagre balsâmico

Aqueça no azeite o alho, a cebola e o louro. Acrescente o sal, o shitake, o cogumelo fresco e misture. Frite por cinco minutos. Coloque o vinagre e ferva por um minuto.

DECORAÇÃO:
3 colheres (de sopa) de manteiga derretida
2 colheres (de sopa) de salsa picada
3 colheres (de sopa) de queijo ralado
Sal e pimenta-do-reino a gosto

MONTAGEM:

Coloque 1 colher do molho no fundo do prato, junte os nhoques e mais uma colher do molho.

Coloque uma colher da manteiga derretida e polvilhe com a salsa e o queijo e sirva imediatamente.

NHOQUE DE PINGAR

½kg de batatas cozidas e espremidas
1 copo de leite
2 ovos
1 copo de farinha de trigo
Sal a gosto

Misture todos os ingredientes numa tigela e reserve. Coloque no fogo água com sal, misturada com gotas de óleo e, quando começar a ferver, vá pingando com uma colher a massa que havia reservado. Retire os nhoques com uma escumadeira à medida que forem cozinhando.

NHOQUE DE RICOTA

500g de ricota
100g de queijo ralado
3 ovos
Sal e pimenta-do-reino a gosto
200g de farinha de trigo
Óleo de soja para fritar

Misture a ricota com os ovos, o sal, a pimenta e a farinha de trigo, amasse bem. Faça bolinhas com a massa, passe na farinha de trigo e frite em óleo quente. Sirva coberto com molho de tomate e salpique queijo ralado.

NHOQUE DE SEMOLINA

½ litro de leite desnatado
2 colheres (de sopa) de margarina light
2 colheres (de sopa) de queijo ralado
1 colher (de chá) de sal
2 gemas
1 xícara (de chá) de semolina

Leve ao fogo o leite, o sal e a margarina. Retire do fogo quando ferver, junte a semolina e as gemas batidas, volte ao fogo até cozinhar. Despeje em uma vasilha, vá fazendo bolinhas e arrumando em um refratário. Tempere com molho de tomate e polvilhe com queijo ralado.

PARAFUSO VERDE E AMARELO

2 abobrinhas cortadas em fatias finas
2 colheres (de sopa) de óleo de soja ou azeite
1 cebola picada
3 dentes de alho amassados
2 colheres (de sopa) de gergelim
4 gomos de salsicha de frango ou peito de frango picadinho
5 folhas de hortelã
1 pacote de macarrão parafuso
Sal a gosto
Queijo ralado

Numa frigideira grande refogue a cebola e o alho no óleo até que comecem a dourar. Adicione o gergelim e as abobrinhas. Tampe e deixe até as abobrinhas ficarem macias. Retire do fogo, junte a salsicha picadinha (afervantada) e as folhas de hortelã picadas. Coloque o sal e reserve. Cozinhe o macarrão al dente. Escorra, coloque em um forma refratária, cubra com o molho de abobrinha, polvilhe com o queijo ralado e sirva em seguida.

PUDIM DE MACARRÃO

300g de macarrão espaguete cozido al dente
2 colheres (de sopa) de margarina light
2 colheres (de sopa) de farinha de trigo
½ litro de leite desnatado quente
3 colheres (de sopa) de queijo ralado
1 maço de espinafre refogado com alho e sal
3 tomates cortados em rodelas
½ copo de requeijão light

Cozinhe o espaguete, escorra e reserve. Leve uma panela ao fogo com a margarina, deixe derreter. Junte a farinha de trigo e deixe dourar. Mexendo sempre, junte o leite vagarosamente para não empelotar. Quando engrossar, junte o macarrão a este molho. Acrescente o queijo ralado e misture delicadamente. Unte e enfarinhe uma forma refratária, despeje o macarrão, ajeite bem e leve ao forno quente por 15 minutos. Tire do forno e arrume o espinafre por cima do macarrão, despeje o requeijão e enfeite com as rodelas de tomate. Leve ao forno por alguns minutos. Sirva quente.

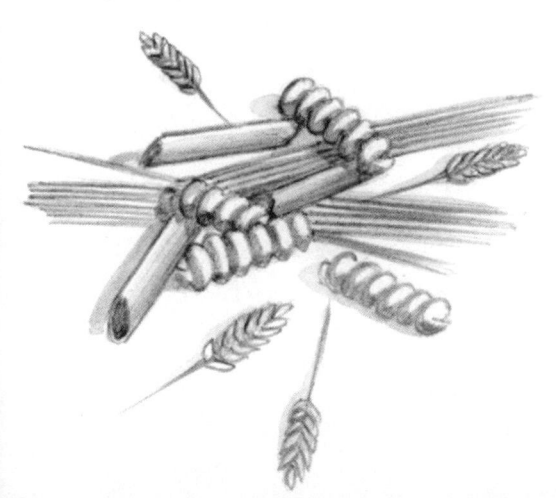

TALHARIM MARIA LÚCIA

½kg de talharim cozido ainda quente e coado, misture 2 colheres (de sopa) de margarina light (reserve)
2 ovos
1 cebola picada
1 lata de creme de leite light
2 colheres (de sopa) de queijo ralado
Sal a gosto

Misture estes ingredientes, junte ao macarrão e leve ao forno em um refratário untado.

MOLHO:

3 colheres (de sopa) de óleo
1 cebola ralada
2 dentes de alho amassados
1 peito de frango moído (ou cortado em cubos pequenos)
6 tomates picadinhos
Sal e pimenta

Em uma panela frite a cebola e o alho até ficarem dourados. Junte o frango, deixe dourar. Vá pingando um pouco de água até a carne ficar cozida. Junte o tomate, o sal e a pimenta. Deixe ferver até ficar um molho cremoso. Tire o macarrão do forno, coloque o molho por cima e o queijo ralado. Sirva quente.

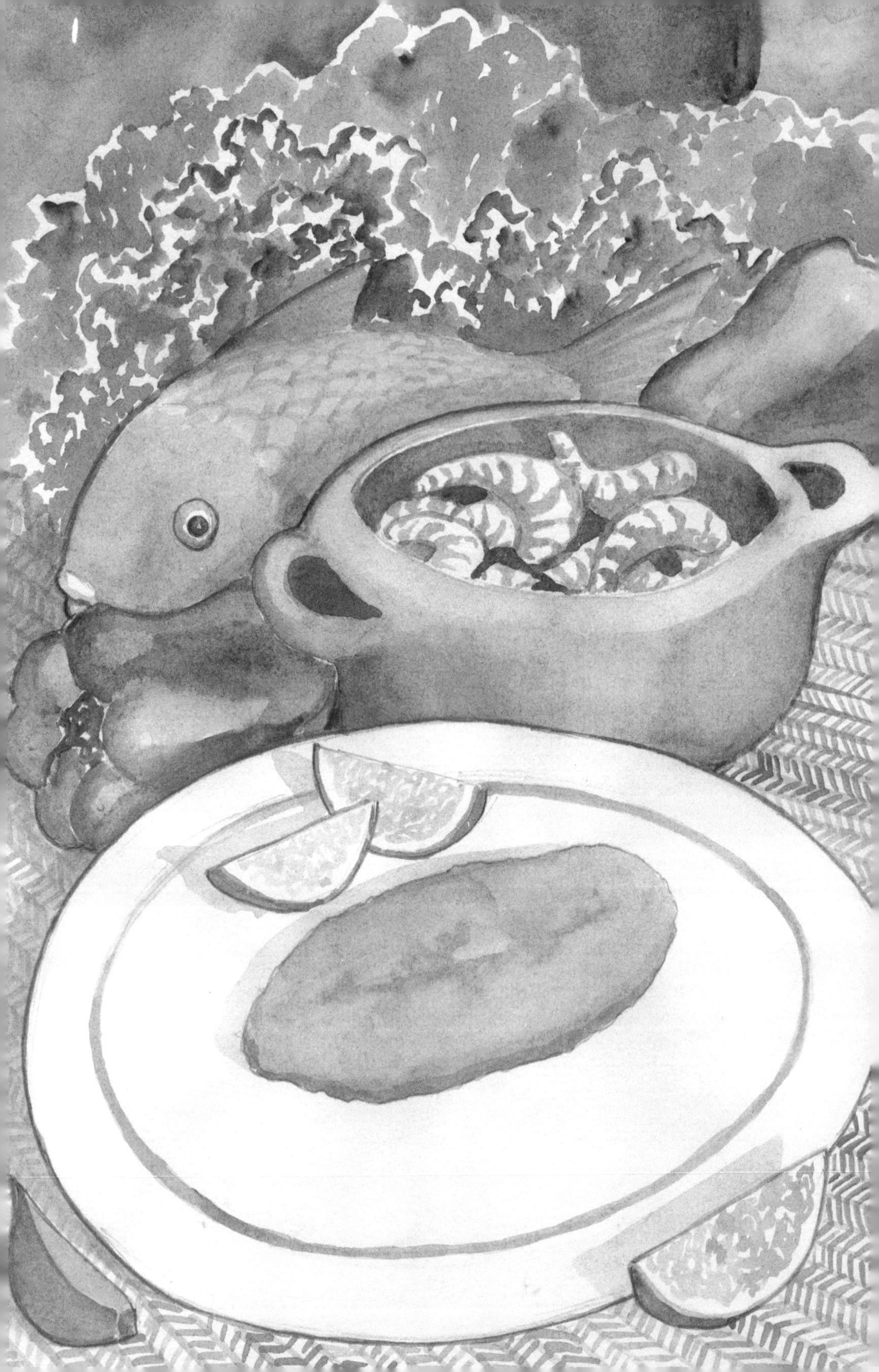

PEIXES

BOBÓ DE PEIXE

400g de pescada em filés
1 limão
3 xícaras (de chá) de mandioca picada
1 cebola picada
3 dentes de alho amassados
3 colheres (de sopa) de azeite
5 tomates maduros picados
1 xícara (de chá) de leite desnatado
1 vidro de leite de coco light
1 colher (de sopa) de coentro picado
Sal a gosto

Corte os filés de pescada em pedaços, tempere com o sal e o limão. Reserve em geladeira. Lave bem a mandioca, descasque, corte em cubinhos e cozinhe. Coe e reserve. Em outra panela, doure a cebola e o alho no azeite, acrescente o tomate e refogue. Junte o peixe, o leite e deixe cozinhar. Verifique o sal. Acrescente a mandioca cozida, o coentro e o leite de coco, mexendo levemente. Enfeite com folhinhas de coentro. Sirva quente.

CAÇÃO À MILANESA

4 postas de cação
3 colheres (de sopa) de queijo ralado
4 colheres (de sopa) de farinha de trigo
4 colheres (de sopa) de farinha de rosca
3 colheres (de sopa) de fubá
Suco de limão
2 colheres (de sopa) de vinho branco seco
2 dentes de alho amassados
Sal e pimenta-do-reino a gosto
1 colher (de café) de alecrim seco
1 xícara (de chá) de óleo de soja

Corte as postas do cação em quatro. Tempere com o suco do limão, o vinho, o alho amassado, o alecrim, o sal e a pimenta. Deixe repousar no tempero durante uma hora. Em um prato fundo misture a farinha de rosca, a farinha de trigo, o fubá e o queijo ralado, passe cada pedaço das postas na mistura das farinhas secas. Leve uma frigideira ao fogo com o óleo, frite três pedaços de cada vez para que fiquem crocantes. Retire e escorra em papel toalha. Sirva com arroz e salada de legumes.

CAMARÃO COM SHOYU E GENGIBRE

> 10 camarões grandes sem a tripa, a barba e cortado ao meio
> 4 colheres (de sopa) de óleo de soja ou azeite
> 2 colheres (de sopa) de shoyu
> 1 colher (de sopa) de gengibre picado
> 1 colher (de sopa) de vinagre
> 1 colher (de chá) de amido de milho dissolvido em 1 colher (de sopa) de água
> 1 colher (de sopa) de açúcar mascavo
> 1 colher (de sopa) de cebolinha-verde picada
> 2 colheres (de sopa) de vinho branco seco

Em uma frigideira, aqueça o óleo e refogue os camarões. Quando os camarões começarem a mudar de cor, junte o gengibre e a cebolinha e frite, mexendo bem. Acrescente o vinho, o açúcar, o shoyu e o vinagre e dê uma mexida. Junte o amido de milho dissolvido na água e misture rapidamente até engrossar. Arrume os camarões em uma travessa. Sirva quente.

CORVINA RECHEADA

> 1 corvina de 1½kg mais ou menos
> 6 fatias de pão amanhecido
> 1 xícara (de chá) de vinho branco seco
> 2 dentes de alho amassados
> ½ colher (de café) de louro em pó
> ½ colher (de café) de noz-moscada
> Tempere a corvina e deixe marinando por 1½ hora

RECHEIO:
> 2 colheres (de sopa) de margarina light
> 1 cebola picada
> 2 dentes de alho amassados
> 2 tomates picados
> 1 xícara (de chá) de cogumelos picados
> 1 xícara (de chá) de farinha de rosca
> 2 colheres (de sopa) de salsinha e cebolinha
> Sal e pimenta-do-reino a gosto

Refogue o alho com a margarina e a cebola numa frigideira, adicione o tomate e cozinhe por 3 minutos. Retire do fogo e acrescente a farinha, o cogumelo, a salsa e a cebolinha, o sal e a pimenta. Recheie a cavidade da corvina com a mistura da farinha e prenda com palitos.

Em um tabuleiro untado coloque as fatias de pão que servirão de base para o peixe; arrume o peixe recheado sobre o pão. Regue com o molho que ficou marinando. Asse em forno preaquecido por uma hora ou até que o peixe desfie facilmente. Sirva com arroz.

LINGUADO COM ALCAPARRAS

> 6 filés de linguado
> 2 colheres (de sopa) de alcaparras em conserva
> 2 colheres (de sopa) de óleo de soja ou azeite
> 6 colheres (de sopa) de vinho branco seco
> Salsa e cebolinha picada

Tempere os filés com o seguinte molho: bata com um garfo ou batedor de arame o azeite, o vinho, o sal e a pimenta. Em um refratário arrume os filés de linguado, regue os filés com o molho, cubra com papel-filme e leve ao micro-ondas por cinco minutos. Tire do forno, retire o papel, espalhe as alcaparras por cima dos filés e deixe no micro-ondas por mais sete minutos. Sirva com salada verde e arroz.

LINGUADO COM FRUTAS

2 bananas-prata descascadas e cortadas em rodelas
1 manga fatiada
6 filés de linguado cortados em cubos
½ xícara (de chá) de suco de abacaxi
½ xícara (de chá) de leite de coco light
Sal e pimenta-do-reino a gosto
4 colheres (de sopa) de óleo de soja

Em uma panela com o óleo frite a banana dos dois lados. Adicione o peixe e cozinhe por 15 minutos ou até o peixe ficar macio. Acrescente a manga, o suco de abacaxi, o sal e a pimenta. Deixe ferver por mais cinco minutos, retire do fogo e adicione o leite de coco. Sirva em seguida com arroz.

MOQUECA DE CAÇÃO COM CAJU

6 cajus em rodelas
1 cebola média picada
3 dentes de alho amassados
3 colheres (de sopa) de óleo de canola ou soja
4 tomates maduros picados
½ colher (de café) de louro em pó
600g de cação cortado em cubos
½ vidro de leite de coco light
Sal e pimenta a gosto

Em uma panela coloque o óleo, a cebola e o alho. Frite até dourar, acrescente os cajus e deixe fritar por 3 minutos. Acrescente os tomates, o louro, o sal e a pimenta e cozinhe por 8 minutos. Junte o cação e cozinhe por mais 10 minutos. Tire do fogo, acrescente o leite de coco e mexa levemente. Sirva com arroz e salada verde.

PEIXE COM LEITE DE COCO

2 colheres (de sopa) de azeite
1 cebola ralada
3 dentes de alho amassados
Pimenta-do-reino, coentro e sal a gosto
1 vidro de leite de coco
500g de postas de peixe
1 colher (de chá) de pimenta vermelha

Em uma tigela misture o suco de limão, o sal, a pimenta-do-reino e as postas de peixe. Deixe marinar por vinte minutos. Em uma panela coloque a cebola, o alho e o azeite e deixe dourar. Acrescente os tomates, o leite de coco, a pimenta, o sal, o coentro e o peixe. Tampe a panela e deixe cozinhar por 20 minutos. Sirva com salada e arroz.

PEIXE SURPRESA

½kg de filé de pescada temperada com limão e sal
200g de ricota amassada
3 colheres (de sopa) de azeite
3 colheres (de sopa) de salsinha picada
¾ de litro de leite desnatado
3 colheres (de sopa) de farinha de trigo
1 pacote de creme de cebola
5 tomates ao sugo
10 azeitonas pretas picadas

Coloque em uma panela o azeite e a farinha de trigo. Frite até dourar. Acrescente o creme de cebola e aos poucos o leite aquecido para não empelotar. Prove o sal e tempere a gosto. Depois de cozido, acrescente a ricota já amassada e por último as azeitonas e a salsinha.

Coloque metade do creme em um refratário untado e enfarinhado, espalhe os filés temperados e o restante do creme por cima. Leve ao forno por aproximadamente 30 minutos. Tire do forno, acrescente o molho (*ver abaixo*) e leve ao forno por mais alguns minutos.

MOLHO:

5 tomates maduros e picados
2 dentes de alho amassados
1 colher (de sopa) de azeite
1 colher (de café) de alecrim seco

Em uma panela, doure o alho no azeite, junte os tomates sem peles e sementes, deixe fritar um pouco. Quando o tomate começar a amolecer, coloque o alecrim e desligue o fogo. Regue o peixe com este molho, conforme o indicado na receita.

PESCADA AO MARACUJÁ

3 maracujás
500g de filé de pescada
1 xícara (de chá) de água
1 colher (de sopa) de amido de milho
1 colher (de sobremesa) de açúcar
4 colheres (de sopa) de margarina light
1 xícara (de chá) de farinha de trigo
½ lata de creme de leite
Sal e pimenta a gosto

Tempere os filés com sal e pimenta-do-reino. Passe os filés na farinha de trigo. Em uma frigideira, derreta a margarina e frite os filés dos dois lados. Em uma panela, coloque a água e a polpa dos maracujás; cozinhe por dez minutos. Acrescente o açúcar e o amido de milho dissolvido em 3 colheres (de sopa) de água, adicione 1 colher (de chá) de sal e o creme de leite. Misture e mexa até engrossar. Arrume os filés em uma travessa e cubra-os com o creme. Sirva com arroz e salada verde.

PESCADA COM MOLHO DE MANGA

6 filés grandes de pescada (aproximadamente 1kg)
2 colheres (de sopa) de suco de limão
3 colheres (de sopa) de óleo de soja ou azeite
Sal e pimenta calabresa

Tempere os filés com o limão e o sal. Deixe marinar por 30 minutos. Em uma assadeira untada com óleo arrume os filés, salpique com o sal e a pimenta calabresa e leve ao forno preaquecido por 30 minutos ou até o peixe desfiar.

MOLHO:
- *2 mangas cortadas em cubos pequenos*
- *1 pimentão vermelho picado bem miúdo*
- *1 cebola média picada*
- *¼ de xícara (de chá) de salsão picado*
- *Sal e azeite*

Em uma tigela, misture os ingredientes do molho e tempere com sal e azeite. Sirva com o peixe.

SALMÃO COM SHIMEJI ACOMPANHADO DE SHITAKE

- *300g de salmão em postas*
- *200g de shimeji (cogumelos)*
- *2 colheres (de sopa) de vinho branco*
- *1 colher (de chá) de shoyu*
- *1 colher (de chá) de alecrim seco*
- *3 dentes de alho, amassados*
- *Sal a gosto*
- *Manteiga para grelhar*

Tempere o salmão com todos os condimentos. Grelhe na manteiga.

ACOMPANHAMENTO:
- *200g de shitake*
- *3 colheres (de sopa) de creme de leite*
- *100ml de molho shoyu*
- *100ml de saquê*

Misture os ingredientes e leve ao fogo com uma colher (de sopa) de manteiga.

SALMÃO NO PACOTE

- *6 filés de salmão (aproximadamente 600g) temperados com sal e limão por 1 hora*
- *6 rodelas de limão*
- *2 xícaras (de chá) de alho-poró cortado bem fino*
- *2 xícaras (de chá) de cenoura ralada*
- *2 colheres (de sopa) de gengibre cortado bem fininho*
- *¼ de copo de vinho branco seco*
- *¼ de copo d'água com 1 colher (de sopa) rasa de sal e pimenta*

Cozinhe os legumes *al dente* com um pouco de sal. Corte 6 pedaços de papel-alumínio de 25x30cm. Coloque os filés no meio das folhas de papel-alumínio, espalhe os legumes por cima de cada filé, misture o vinho com a água, o sal e o gengibre, jogue um pouco do líquido em cada filé, feche o papel formando um pacote e arrume em uma assadeira. Leve ao forno e asse por 30 minutos. Sirva com arroz e uma rodela de limão.

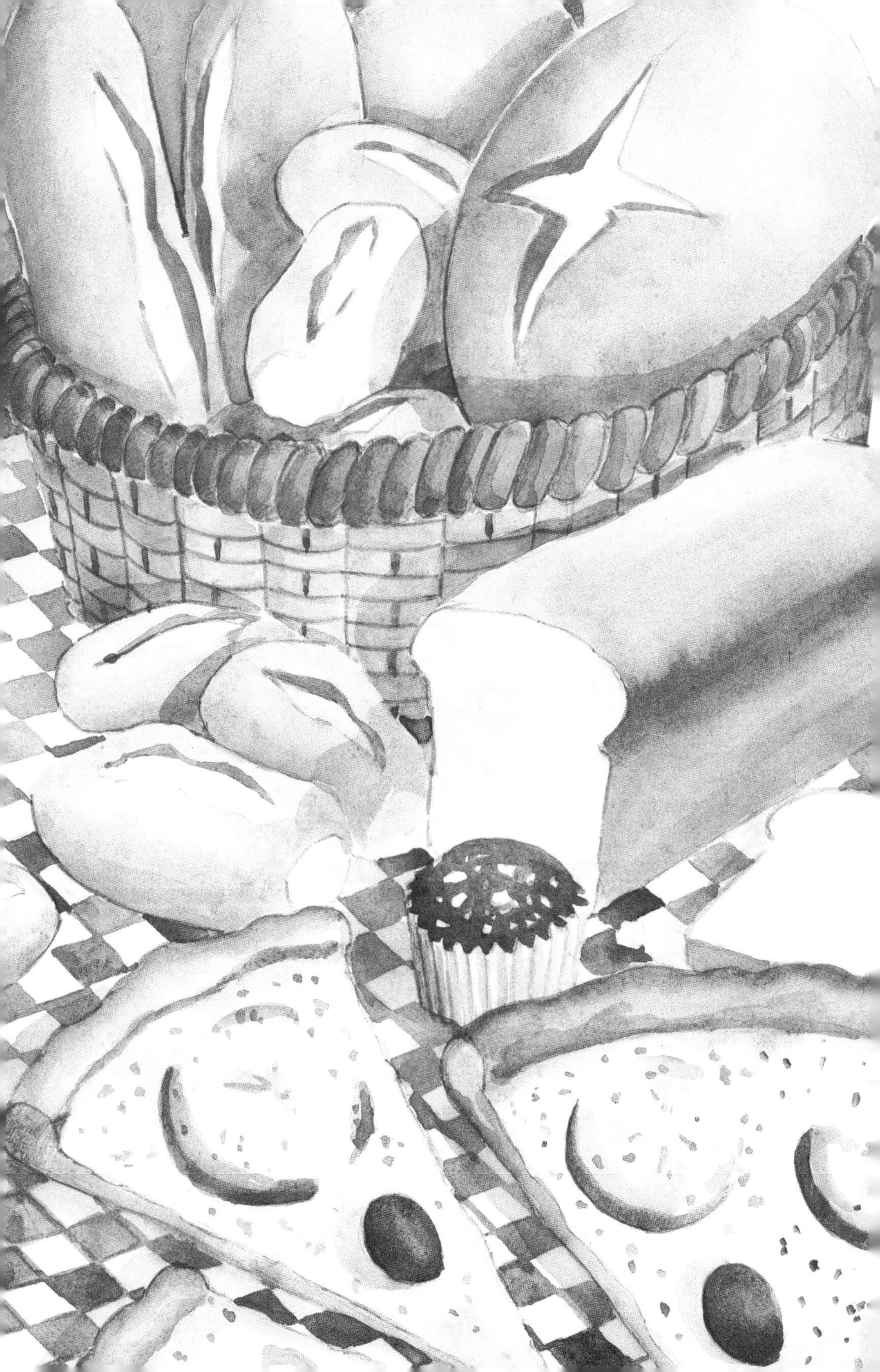

PIZZAS E PÃES

MASSA BASE PARA PIZZA

2 xícaras (de chá) de farinha de trigo
1 ovo
1 xícara (de chá) de leite desnatado
¼ de xícara (de chá) de óleo de milho
1 colher (de sopa) de fermento em pó
1 colher (de chá) de sal

Amasse bem todos os ingredientes, use mais farinha se necessário. A massa deve ficar mole, sem grudar nas mãos.

MASSA DE PIZZA DO VADO

1 ovo
1 colher (de sopa) rasa de sal
1 colher (de sopa) rasa de açúcar
50g de fermento para pão
30g de gordura vegetal
1 xícara (de chá) de água morna
1kg de farinha de trigo aproximadamente

Dissolva o fermento em água morna, junte a gordura vegetal derretida e fria, o ovo levemente batido, o sal, o açúcar. Coloque a farinha aos poucos até dar o ponto de abrir com o rolo.

Faça cinco bolinhas e deixe-as descansar por meia hora; abra com o rolo, corte no tamanho da forma de pizza. Asse de um lado, vire a massa, coloque o molho e o recheio de sua preferência e volte ao forno.

Esta massa pode ser congelada semiassada.

PÃO DE AVEIA COM LINHAÇA

3 tabletes de fermento biológico (45g)
2 ovos
2 xícaras (de chá) de farinha de trigo integral
3 xícaras (de chá) de farinha de trigo branca
1 colher (de sopa) de sal
100g de margarina vegetal
½ xícara (de chá) de mel
3 colheres (de sopa) de semente de linhaça
1 xícara (de chá) de aveia em flocos
2 xícaras (de chá) de água

Ferva a água, junte a aveia, a manteiga, o mel e o sal. Deixe amornar e acrescente o fermento já dissolvido em ½ xícara (de chá) de água morna. Acrescente os ovos, as farinhas de trigo e a linhaça, misture bem. Coloque a massa em uma tigela untada. Cubra com plástico e deixe crescer até dobrar de tamanho. Sove a massa só com a ponta dos dedos. Se necessário, coloque mais farinha apenas para não grudar nas mãos e modelar os pães. A consistência é mole e elástica. Em uma mesa enfarinhada, divida a massa em duas partes e modele os pães. Coloque em forma de bolo inglês (untada e enfarinhada) com capacidade de 1 litro. Cubra novamente com um pano e deixe crescer em local quente por 45 minutos ou até dobrarem de volume. Asse por aproximadamente 30 minutos em forno com temperatura alta, preaquecido.

PÃO DE CEBOLA

20g de fermento biológico fresco
1 colher (de chá) de sal
1 xícara (de chá) de leite morno
¼ de xícara (de chá) de margarina light
1 ovo
½ xícara (de chá) de cebola ralada
2 xícaras (de chá) de farinha de trigo
1 cebola cortada em rodelas para decorar

Frite a cebola ralada com 1 colher (de sopa) de margarina só para amolecer. Reserve. Em uma tigela, misture o sal, o leite morno e o fermento. Espere uns 10 minutos e acrescente o ovo ligeiramente batido, a margarina em temperatura ambiente; adicione a cebola reservada, misture bem e acrescente a farinha de trigo, misturando até formar uma massa homogênea. Despeje em uma forma de buraco e deixe descansar por 20 minutos. Distribua as rodelas de cebola por cima e leve ao forno preaquecido por aproximadamente 30 minutos.

PÃO DE CENOURA

½ xícara (de chá) de leite desnatado morno
2 tabletes de fermento para pão
4 cenouras médias cozidas
3 colheres (de sopa) de margarina vegetal culinária
3 ovos
3 colheres (de sopa) de óleo de canola
5 colheres (de sopa) de açúcar mascavo
4 xícaras (de chá) de farinha de trigo

Misture o fermento, 1 colher (de sopa) de açúcar e 1 xícara de farinha no leite morno. Reserve. Bata no liquidificador as cenouras, a margarina, o óleo e os ovos. Junte esta mistura ao fermento reservado, aos poucos adicione a farinha de trigo e sove suavemente até obter uma massa lisa que não grude nas mãos. Modele os pães e coloque em formas untadas e enfarinhadas, cubra com um plástico e deixe até dobrar de volume. Passe gema e salpique sementes de gergelim (opcional). Asse em forno regular, preaquecido.

PÃO DE ERVAS

3 tabletes de fermento biológico
1 colher (de chá) de sal
1 colher (de sobremesa) de açúcar mascavo
½ xícara (de chá) de leite
3 colheres (de sopa) de farinha de trigo
3 xícaras (de chá) de água morna
1 cebola picada
2 dentes de alho
1½ colher (de sopa) de margarina light
1 ovo
1 colher (de sopa) de orégano
2 colheres (de sopa) de manjericão
1kg de farinha de trigo aproximadamente

Dissolva o fermento no sal e no açúcar. Acrescente o leite morno e misture as 3 colheres (de sopa) de farinha de trigo. Deixe crescer. Bata no liquidificador a água, a cebola, o alho, a margarina e o ovo. Adicione a mistura do liquidificador ao fermento crescido. Acrescente o orégano, o manjericão e a farinha de trigo aos poucos até que a massa se solte das mãos. Sove bem. Modele os pães e deixe crescer até que dobre de volume. Asse em forno quente.

PÃO DE FARINHA INTEGRAL

2 xícaras (de chá) de farinha de trigo integral
2 xícaras (de chá) de água morna
1 colher (de sopa) de açúcar mascavo
2 colheres (de sopa) de óleo de milho
2 colheres (de sopa) de margarina light
3 tabletes de fermento biológico (45g)
4 xícaras (de chá) de farinha de trigo
1 colher (de sopa) de sal

Coloque a água morna, o açúcar e o fermento no copo do liquidificador e dê uma leve batida para misturar. Acrescente os demais ingredientes, menos as farinhas. Despeje em uma vasilha grande, junte as farinhas aos poucos e amasse bem. Divida a massa em duas, coloque em uma forma própria para pão de forma, untada e polvilhada. Deixe descansar 40 minutos. Asse em forno preaquecido por mais ou menos 30 minutos ou até que esteja bem assado.

PÃO DE FORMA DE LIQUIDIFICADOR

50g de fermento biológico (fermento para pão)
2 xícaras (de chá) de água morna
2 colheres (de sopa) de açúcar mascavo
1 colher (de sopa) de sal
1 xícara (de chá) de óleo de milho ou canola
2 ovos
4 xícaras (de chá) de farinha de trigo

Bata todos os ingredientes, no liquidificador, menos a farinha. Em uma vasilha grande, despeje a farinha de trigo, junte os ingredientes do liquidificador, e mexa até formar uma massa mole. Coloque em forma para pão de forma e deixe crescer por 40 minutos. Asse em forno preaquecido.

PÃO DE MANDIOCA

2 ovos
1 colher (de sopa) sal
4 colheres (de sopa) de açúcar mascavo
½ xícara (de chá) de óleo de milho
3 tabletes de fermento biológico
3 xícaras (de chá) de leite
4 xícaras (de chá) de mandioca picada
8 xícaras (de chá) de farinha de trigo (aproximadamente)

Cozinhe a mandioca e amasse bem. Reserve. Coloque no liquidificador os ovos, o sal, o açúcar, o óleo, o fermento e por último o leite morno. Bata ligeiramente e coloque a mistura batida em uma vasilha juntamente com a mandioca reservada. Misture bem e adicione aos poucos a farinha de trigo até que não grude mais nas mãos. Sove muito bem. Faça pães do tamanho desejado e coloque em uma assadeira sem untar, deixando crescer por 50 minutos. Depois dos pães crescidos, leve para assar em forno quente de 35 a 40 minutos.

PÃO DE MINUTO (I)

2 xícaras (de chá) de farinha de trigo
2 colheres (de sopa) de margarina light
3 colheres (de sopa) de açúcar
2 colheres (de sopa) de fermento em pó
1 ovo
1 colher (de chá) de sal
1 gema para pincelar
1 pote de iogurte natural

Misture a margarina, o ovo, o sal e o iogurte. Peneire sobre esta mistura a farinha de trigo e o fermento. Misture bem a massa e faça pãezinhos redondos. Coloque em assadeira untada, pincele com gema e leve para assar em forno médio (180ºC), preaquecido, por cerca de 20 minutos ou até que fiquem dourados.

PÃO DE MINUTO (II)

1 caixinha de creme de leite light
2 colheres (de sopa) de margarina light
1 colher (de sopa) de açúcar mascavo
1 ovo
2 colheres (de chá) de sal

1 xícara (de chá) de farinha de trigo integral
1 xícara (de chá) de farinha de trigo
2 colheres (de sopa) de fermento em pó
1 gema para pincelar
Gergelim para salpicar

Misture o creme de leite, a margarina, o ovo, o açúcar e o sal. Acrescente as farinhas e o fermento, amasse e sove bem. Faça os pãezinhos. Coloque em assadeira untada, pincele com gema, salpique com as sementes de gergelim, leve para assar em forno médio preaquecido por aproximadamente 20 minutos ou até que fiquem dourados. Rende 18 pães.

PÃO DE MINUTO (III)

2 ovos
3 colheres (de sopa) de açúcar cristal
1 pitada de sal
1½ xícara (de chá) de leite desnatado
3 tabletes de fermento para pão
3 colheres (de sopa) de margarina light
750g de farinha de trigo

Dissolva o fermento no leite morno, deixe descansar por 10 minutos. Bata os ovos com o açúcar levemente, acrescente os outros ingredientes, inclusive o leite, misture bem. Sove e faça aproximadamente 30 bolinhas. Deixe descansar por 30 minutos. Transforme as bolinhas em pãezinhos. Coloque em assadeira untada e enfarinhada, deixe até dobrar de tamanho. Coloque para assar em forno preaquecido.

PÃO DE RICOTA

½kg de farinha de trigo
3 colheres (de sopa) de manteiga light
2 colheres (de sopa) de açúcar mascavo
1 colher (de chá) de sal
2 ovos
1 xícara (de chá) de leite morno
3 tabletes de fermento biológico (45g)

Dissolva o fermento em leite morno, misture os demais ingredientes, amasse e sove muito bem. Abra a massa com o rolo. Coloque o recheio bem espalhado. Enrole a massa com o recheio, coloque em uma forma untada e deixe crescer por uma hora. Pincele a massa com uma gema. Leve ao forno preaquecido.

RECHEIO:

½kg de ricota amassada
6 colheres (de sopa) de açúcar mascavo
1 colher (de chá) de baunilha
3 gemas
100g de uva passa sem sementes
100g de frutas cristalizadas
2 maçãs picadas

Junte todos os ingredientes e misture bem.

PÃO DE TRIGO INTEGRAL

1kg de trigo integral
1 colher (de sopa) de fermento biológico instantâneo
1 colher (de sopa) de sal
½ xícara (de chá) de farinha de glúten
4 colheres (de sopa) de óleo de canola ou oliva
Água morna

Em uma tigela funda, misture o azeite com os ingredientes secos. Despeje a água morna e mexa até a massa ficar grudada nas mãos. A massa para o pão integral não pode ficar dura. As fibras do trigo absorvem água lentamente, por isso deixe a massa mole, e trabalhe-a por 5 a 10 minutos. Se necessário, acrescente mais um pouco de farinha para a massa desprender das mãos. Separe em quatro partes e modele os pães. Deixe crescer e leve para assar em forno preaquecido a 200ºC.

PÃO DE TRIGO PARA QUIBE

1 xícara (de chá) de trigo para quibe
3 tabletes de fermento biológico
3 xícaras (de chá) de leite desnatado
½ xícara (de chá) de óleo de milho
1 colher (de sopa) de sal
3 colheres (de sopa) de açúcar mascavo
8 xícaras (de chá) de farinha de trigo

Coloque o trigo de molho por 2 horas. Escorra a água e esprema o trigo. Dissolva o fermento no leite, morno, acrescente o trigo espremido e os demais ingredientes e amasse muito bem. Divida a massa em duas partes, coloque em formas próprias para pão de forma enfarinhadas e deixe descansar até dobrar de volume. Asse em forno quente por mais ou menos 1 hora.

PÃOZINHO DE CENTEIO

½kg de farinha de centeio
½kg de farinha de trigo integral
3 tabletes de fermento biológico (45g)
3 ovos
½ copo de óleo
2 colheres (de sopa) de margarina light
1 colher (de sopa) de sal
2 colheres (de sopa) de açúcar mascavo
1 copo de água morna
1 copo de leite desnatado morno

Em um liquidificador, coloque o leite, a água morna e o fermento. Bata só para misturar. Acrescente os demais ingredientes, menos as farinhas. Em um recipiente grande, acrescente as farinhas e misture bem, deixando crescer por uma hora mais ou menos até dobrar de tamanho. Faça bolinhas e coloque em uma assadeira polvilhada com farinha. Deixe crescer por mais meia hora. Asse em forno preaquecido até corar. Pincele com manteiga e jogue umas sementinhas de gergelim. Deixe por mais dez minutos dentro do forno desligado.

PIZZA DE ABOBRINHA

500g de abobrinha ralada
2 ovos
1 colher (de sopa) de fermento
1 xícara (de chá) de farinha de trigo
1 colher (de sobremesa) rasa de sal
1 xícara (de chá) de ricota ralada
1 xícara (de chá) de mussarela ralada
2 tomates cortados em rodelas
Orégano

Em uma tigela, coloque a abobrinha ralada, os ovos, a farinha, a cebola ralada e o fermento em pó. Misture tudo muito bem. Coloque em uma forma de pizza untada. Por cima, espalhe a ricota e a mussarela raladas, enfeite com as rodelas de tomate e o orégano, regue com azeite e leve para assar em forno preaquecido.

PIZZA DE BATATA

200g de batatas inglesas
100g de farinha de trigo
Sal e pimenta-do-reino a gosto
200g de mussarela
50g de queijo parmesão ralado
2 tomates maduros
1 colher (de chá) de orégano
Azeite de oliva

Cozinhe as batatas, descasque, passe pelo espremedor, junte a farinha e o sal. Amasse bem para fazer uma massa homogênea. Abra a massa com o rolo na espessura de meio centímetro e coloque na forma de pizza untada. Cubra a superfície da massa com a mussarela, o parmesão ralado e os tomates cortados em quadradinhos. Tempere com o sal, o orégano e a pimenta. Borrife toda a superfície com azeite e leve ao forno quente preaquecido.

PIZZA DE MASSA DE ARROZ COM RÚCULA

4 xícaras (de chá) de arroz cozido
¾ de xícara (de chá) de ricota fresca passada na peneira
1 ovo inteiro
½ xícara (de chá) de leite
1 envelope de creme de cebola
½ xícara (de chá) de farinha de trigo
1 colher (de sopa) de fermento em pó
Sal a gosto

RECHEIO:

5 tomates vermelhos sem sementes
1 colher (de chá) de orégano
1 colher (de sobremesa) de azeite de oliva
200g de queijo cottage
200g de queijo branco passado por peneira
¾ de xícara (de chá) de requeijão
½ xícara (de chá) de ricota passada por peneira
1 colher (de sobremesa) de manjericão
Sal e pimenta-do-reino a gosto
1 prato raso de rúcula lavada e cortada
½ xícara (de chá) de tomate seco

Bata o arroz no liquidificador, junte a ricota, o ovo ligeiramente batido, misture bem e vá juntando os demais ingredientes seguindo a ordem da receita.

Unte a forma para pizza, despeje a mistura, aperte bem com a espátula e asse por doze minutos. Reserve. Corte os tomates em cubinhos. Tempere com o orégano, o azeite, o sal e a pimenta e espalhe sobre a massa já assada.

Misture os queijos, o requeijão, a ricota, as folhas de manjericão, tempere e espalhe sobre os tomates picados. Leve ao forno por 12 a 15 minutos. Retire do forno, espalhe por cima a rúcula, os tomates secos e sirva imediatamente.

PIZZA QUASE VEGETARIANA

250g de ricota fresca
3 xícaras (de chá) de espinafre cozido, escorrido e espremido
150g de mussarela ralada
4 tomates sem pele e sem sementes cortados em fatias
1 colher (de chá) de orégano
Sal e pimenta-do-reino a gosto

Misture a ricota e o espinafre, tempere com o sal e a pimenta-do-reino. Forre uma forma de pizza com papel alumínio e espalhe a mistura. Cubra com a mussarela e os tomates e polvilhe o orégano. Asse em forno preaquecido por cerca de 15 a 20 minutos ou até que esteja dourada.

RECHEIOS PARA PIZZA

RECHEIO DE TALOS DE BRÓCOLIS

Talos de brócolis (os mais macios do maço)
5 dentes de alho amassados
1 cebola picada
2 colheres (de sopa) de azeite
1 ovo cozido
1 xícara (de chá) de mussarela ralada
1 tomate fatiado

Lave e pique os talos de brócolis, afervente-os até que fiquem *al dente*, escorra-os bem e reserve. À parte, doure a cebola e o alho no azeite, acrescente os talos e reserve. Monte a pizza espalhando pela massa pre-assada (ver pág. 99) os talos fritos, o ovo picado e a mussarela. Decore com as rodelas de tomate e leve para assar.

RECHEIO DE TALOS DE ESPINAFRE

Talos de espinafre (os mais macios)
6 dentes de alho fatiados
2 colheres (de sopa) de azeite
1 lata de sardinha
½ copo de requeijão light
1 tomate cortado em rodelas
8 azeitonas verdes

Lave e pique os talos de espinafre, afervente-os até ficarem *al dente*, retire-os e deixe escorrer, bem. Frite o alho no azeite e reserve. No mesmo azeite, refogue os talos de espinafre com sal a gosto e reserve. Limpe a sardinha, deixando-a sem espinhas; pique e reserve. Monte a pizza, espalhando pela massa preassada (ver pág. 99) os talos de espinafre, a sardinha e o requeijão. Decore com as rodelas de tomate e as azeitonas. Asse em seguida em forno preaquecido.

RECHEIO DE TOMATE SECO E ESCAROLA

1 pé de escarola
2 colheres (de sopa) de azeite
4 dentes de alho
Sal a gosto
Pimenta-do-reino a gosto
250g de mussarela ralada
50g de queijo ralado
150g de tomate seco
Orégano

Lave e pique a escarola, afervente-a até que fique *al dente*. Retire e deixe escorrer bem para tirar todo o líquido. Reserve. Refogue o alho no azeite, acrescente a escarola, coloque sal e pimenta-do-reino.

Monte a pizza espalhando pela massa (ver pág. 99) preassada o molho, a mussarela ralada e a escarola refogada. Decore com os tomates secos, salpique queijo ralado e orégano. Asse em seguida em forno preaquecido.

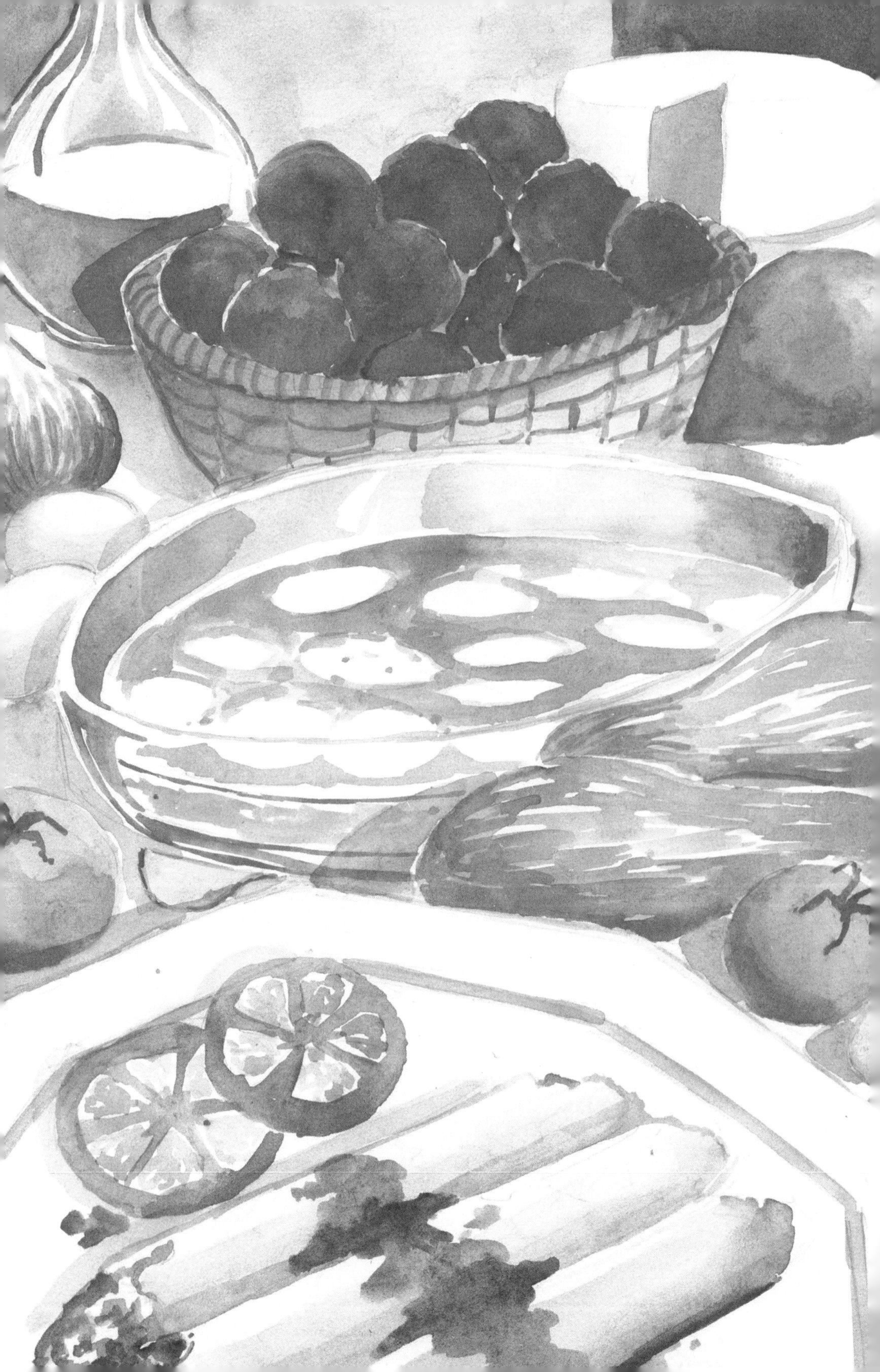

PRATOS PRINCIPAIS E ACOMPANHAMENTOS

ABOBRINHAS COM ALHO

3 abobrinhas cortadas em rodelas cozidas al dente
6 dentes de alho amassados
2 colheres (de chá) de orégano
¼ de xícara (de chá) de azeite
¼ de xícara (de chá) de vinagre de maçã
Sal a gosto

Escorra bem a água das abobrinhas. Leve o azeite ao fogo com o alho e o orégano, deixe até dourar. Jogue o azeite temperado em cima das abobrinhas e salpique com sal.

ABOBRINHAS EM CAMADAS

3 abobrinhas
Sal e pimenta-do-reino a gosto
2 colheres (de sopa) de margarina light
2 cebolas picadinhas
3 dentes de alho amassados
3 dentes de alho inteiros
1 peito de frango moído
10 colheres (de sopa) de óleo de soja (para a fritura)
6 tomates
2 ovos
1 potinho de iogurte natural desnatado

Corte as abobrinhas em fatias, tempere com sal. Reserve. Aqueça a margarina, junte a cebola e o alho e leve para refogar. Acrescente a carne do frango moída e mantenha em fogo alto, mexendo sempre, até a carne ficar cozida. Tempere com sal e pimenta e tire do fogo. Em uma frigideira com óleo frite as abobrinhas dos dois lados. Retire e conserve em papel toalha. Reserve. Corte os tomates em cubinhos pequenos. Reserve. Unte uma forma refratária de tamanho médio e forme camadas de abobrinha, de carne de frango moída, de tomates e termine com uma camada de abobrinha. Leve ao forno quente por 12 minutos. Bata no liquidificador o iogurte, os dentes de alho e os ovos. Tempere com sal e pimenta. Retire a forma do forno, despeje o molho de iogurte e volte ao forno por mais 10 minutos, ou até gratinar.

ALMÔNDEGAS DE ARROZ COM FEIJÃO

1½ xícara (de chá) de feijão cozido e temperado sem caldo
1½ xícara (de chá) de arroz cozido e temperado
2 ovos
3 colheres (de sopa) de farinha de trigo
6 folhas de couve picadas bem fininhas
2 colheres (de sopa) de azeite
1 cebola picada
3 dentes de alho amassados
Farinha de rosca
Sal e pimenta-do-reino a gosto
Óleo de milho para fritar

Coloque o arroz e o feijão prontos em um recipiente, amasse bem com um garfo e reserve. Doure a cebola e o alho no azeite, junte a couve e refogue. Acrescente o arroz e o feijão amassados, misture os ovos e a farinha e mexa bem; coloque sal e pimenta a gosto. Leve ao fogo para dar consistência, deixe esfriar, faça bolinhas, passe na farinha de rosca e frite em óleo bem quente. Sirva com salada verde.

ALMÔNDEGAS DE AVEIA

350g de peito de frango moído
1 cenoura ralada
2 dentes de alho amassados
1 cebola ralada
1 ovo
1 xícara (de chá) de aveia em flocos
1 colher (de sopa) de manjericão picado
Sal e pimenta-do-reino a gosto

Misture todos os ingredientes, modele as almôndegas e leve ao forno para assar por 40 minutos, ou frite em óleo de milho ou soja.

BACALHOADA COM SOJA

1 xícara (de chá) de proteína de soja granulada, hidratada na água em que o bacalhau esteve de molho
400g de bacalhau, dessalgado e cortado em pedaços pequenos
4 batatas grandes cortadas em fatias
4 tomates
2 cebolas grandes cortadas em fatias
4 dentes de alho amassados
3 pimentões (verde, vermelho e amarelo), cortados em pedaços grandes
2 folhas de louro
5 folhas de couve sem os talos rasgada em pedaços
¼ de xícara (de chá) de azeite
Pimenta-do-reino
Sal a gosto

Em um recipiente grande, misture tudo muito bem e coloque em um refratário; regue com o azeite, enfeite com azeitonas pretas e leve ao forno por aproximadamente 50 minutos ou até as batatas ficarem macias.

BANDEJA DE LEGUMES

MASSA:
3 xícaras (de chá) de farinha de trigo
3 colheres (de sopa) de gordura vegetal
1 pacotinho de creme de leite
1 ovo
Sal a gosto

Misture os ingredientes da massa até ficar homogêneo. Forre o fundo e as laterais de uma forma com fundo removível e leve ao forno preaquecido até dourar. Reserve.

RECHEIO:
2 colheres (de sopa) de azeite
2 cebolas picadas
2 dentes de alho
1 abobrinha picada
2 pimentões picados
1 berinjela grande picada
2 colheres (de sopa) de alcaparras
3 tomates picados
10 azeitonas pretas picadas
Sal a gosto

Em uma panela, doure as cebolas e o alho, adicione os demais ingredientes. Refogue até ficarem bem macios e secos. Retire do fogo e recheie a massa já assada.

BATATA ASSADA COM ALHO

3 batatas médias, cortadas em fatias e cozidas com água e sal
4 dentes de alho amassados
1 colher (de chá) de alecrim seco e esfarelado
2 colheres (de sopa) de farinha de rosca
2 colheres (de sopa) de azeite
Sal a gosto

Em uma forma untada, coloque as batatas cozidas. Misture o alho com a farinha de rosca, o alecrim e o sal. Salpique as batatas, regue com azeite, leve ao forno até que as batatas fiquem coradas.

BATATA-DOCE GRATINADA COM NABOS

500g de nabos descascados e cortados
500g de batatas-doces, descascadas e cortadas
1 caixinha de creme de leite light
2 colheres (de sopa) de amido de milho
1 colher (de chá) de noz-moscada moída
1 colher (de chá) de orégano
1 xícara (de chá) de leite
1 colher (de chá) de sal
Pimenta-do-reino a gosto

Cozinhe as batatas e os nabos em uma panela com água até que fiquem macios. Escorra e coloque em uma forma, conservando-os quentes.

Misture o amido de milho ao leite sem deixar formar pelotas. Acrescente o creme de leite, o sal, a noz-moscada, o orégano e a pimenta, misture bem e coloque sobre as batatas e nabos. Leve ao forno quente até gratinar. Sirva quente.

BATATAS RECHEADAS COM FEIJÃO BRANCO

1 xícara (de chá) de feijão branco cozido
2 cebolas pequenas picadas
2 colheres (de sopa) de gergelim
10 batatas médias
4 colheres (de sopa) de óleo de canola
Sal e pimenta-do-reino a gosto

Cozinhe as batatas com as cascas, faça uma tampa em cada uma delas, tirando parte da polpa. Bata no liquidificador o feijão, o óleo, a cebola, o sal e a pimenta. Use esta mistura para rechear as batatas e salpique o gergelim.

BETERRABA ASSADA COM ALHO

5 beterrabas médias cortadas em quatro e cozidas em água por 15 minutos
8 dentes de alho amassados
1 xícara (de chá) de suco de laranja
¼ de xícara (de chá) de água
4 colheres (de sopa) de azeite ou óleo de canola
1 colher (de chá) de tomilho
Sal a gosto

Coloque as beterrabas em uma forma refratária, junte o alho amassado, a água, o suco de laranja, o tomilho, o azeite e o sal, misture bem. Leve a forma refratária tampada ao forno por aproximadamente 30 minutos.

BIFE DE GLÚTEN

Massa de glúten (ver receita na pág. 82)
2 colheres (de sopa) de azeite
3 dentes de alho bem picadinhos
4 colheres (de sopa) de shoyu
4 tomates picados
Cebolinha picada, sal e orégano a gosto

Estique a massa de glúten em uma pedra de mármore, granito etc. e corte em formato de bifes. Leve ao fogo o azeite e o alho, deixar dourar. Acrescente os bifes e frite os dois lados. Retire os bifes e reserve-os numa travessa. Na mesma panela da fritura, coloque os tomates picados, o sal; regue com shoyu. Dê uma leve aferventada e coloque os bifes reservados. Deixe em fogo brando por mais alguns minutos, acrescente a cebolinha picada, o sal e o orégano.

A massa para os bifes de glúten pode ser comprada já pronta. Você só vai temperar a seu gosto.

BIFE DE SOJA (I)

1½ xícara (de chá) de massa de soja (ver receita na pág. 83)
2 colheres (de sopa) de cheiro-verde
3 dentes de alho amassados
1 colher (de café) de louro em pó
Sal a gosto
Farinha de trigo integral ou fécula de batata

Junte a soja e os temperos, acrescente a farinha de trigo integral ou fécula de batata, até a massa soltar da mão. Faça bifes pequenos, achate, frite em pouco azeite e sirva com o seguinte molho:

Misture 4 colheres (de sopa) de chá de shoyu, 1 colher (de sopa) de gengibre em pó, sal a gosto.

BIFE DE SOJA (II)

1½ xícara (de chá) de massa de soja (ver receita na pág. 83)
3 batatas cozidas e amassadas
1 ovo
1 colher (de sopa) de queijo ralado
2 colheres (de sopa) de farinha de trigo
1 colher (de sobremesa) de fermento em pó
1 colher (de café) de louro em pó
2 tomates picados em cubos
1 colher (de sopa) de óleo de soja
Sal, pimenta-do-reino ou pimenta-calabresa a gosto
Um pouco de leite, se necessário, para dar liga

Misture bem todos os ingredientes. Faça os bifes pequenos e achatados. Frite com pouco óleo para não encharcar. Sirva quente.

BOLINHO DE BATATA DE COLHERADA

1 cebola ralada
2 dentes de alho amassados
4 colheres (de sopa) de queijo ralado
1 colher (de sopa) de fermento em pó
2 ovos
6 colheres (de sopa) de farinha de trigo
4 batatas grandes raladas no ralo grosso sem a casca
Óleo para fritura
Sal, pimenta-do-reino e orégano a gosto

Em uma tigela grande, misture bem a batata com os outros ingredientes, deixe descansar na geladeira entre 20 a 30 minutos. Frite às colheradas em óleo quente.

BOLINHO DE MANDIOCA COM TALOS DE AGRIÃO

6 xícaras (de chá) de mandioca picada
1 cebola picada
2 colheres (de sopa) de azeite
3 dentes de alho amassados
1 xícara (de chá) de talos de agrião picados bem fininhos
2 colheres (de sopa) de salsa picada
2 colheres (de sopa) de farinha de trigo
1 colher (de sobremesa) de fermento em pó
1 ovo
Sal e pimenta-do-reino a gosto

Óleo para fritar
Farinha para passar os bolinhos

Cozinhe a mandioca, passe pelo espremedor e reserve. Doure a cebola e o alho no azeite, junte os talos de agrião e refogue. Desligue o fogo e misture o resto dos ingredientes, faça os bolinhos, passe na farinha de trigo, frite-os em óleo quente.

BOLINHOS DE VEGETAIS RICOS EM FIBRAS

1 xícara (de chá) de chuchu ralado
1 xícara (de chá) de cenoura ralada
1 xícara (de chá) de mandioquinha picadinha
1 xícara (de chá) de berinjela picadinha
1½ xícara (de chá) de agrião com os talos picados
1 cebola ralada
2 colheres (de sopa) de azeite
3 dentes de alho amassados
5 colheres (de sopa) de farinha de trigo
¾ de xícara (de chá) de leite desnatado
1 xícara (de chá) de arroz cozido
2 colheres (de sopa) de salsinha
Farinha de rosca
Óleo para fritar
Sal e pimenta-do-reino a gosto

Lave bem os legumes e verduras, pique-os e reserve. Refogue a cebola e o alho no azeite, junte os legumes e as verduras, refogue até ficar bem macio. À parte, dissolva a farinha de trigo no leite e junte ao refogado. Cozinhe mexendo sempre, até desprender do fundo da panela. Desligue o fogo e misture o arroz cozido, o sal, a pimenta e a salsinha. Modele as bolinhas, passe pela farinha de rosca e frite em óleo quente.

BROTO DE BAMBU COM PALMITO

4 brotos de bambu
6 talos de palmito em conserva cortados em rodelas
3 colheres (de sopa) de azeite
3 colheres (de sopa) de shoyu
3 dentes de alho amassados
1 cebola cortada em rodelas finas
Sal e pimenta-do-reino a gosto

Descasque os brotos de bambu e corte-os em rodelas de meio centímetro. Cozinhe em água e sal por aproximadamente 50 minutos. Reserve. Coloque em uma panela o azeite, o alho e a cebola. Deixe dourar. Acrescente o broto de bambu, o palmito, o shoyu, o sal e a pimenta. Deixe refogar por cinco minutos. Se necessário, acrescente um pouco de água do palmito. Sirva, por exemplo, como acompanhamento de peixes.

CARNE DE SOJA EM LATA

2 xícaras (de chá) de farinha de trigo branca
2 xícaras (de chá) de farinha de trigo integral
1 colher (de sopa) de sal
1 xícara (de chá) de shoyu
½ litro de água

Misture as farinhas e o sal. Adicione água aos poucos, formando uma massa que ligue bem com as farinhas. A massa deve ficar firme. Divida-a em bolas e deixe-as de molho em água por duas horas.

Coloque meio litro de água com 1 xícara (de chá) de shoyu em uma panela, leve ao fogo até levantar fervura. Coloque as bolas de massa para cozinhar até secar a água. Use em pratos variados, substituindo a carne moída.

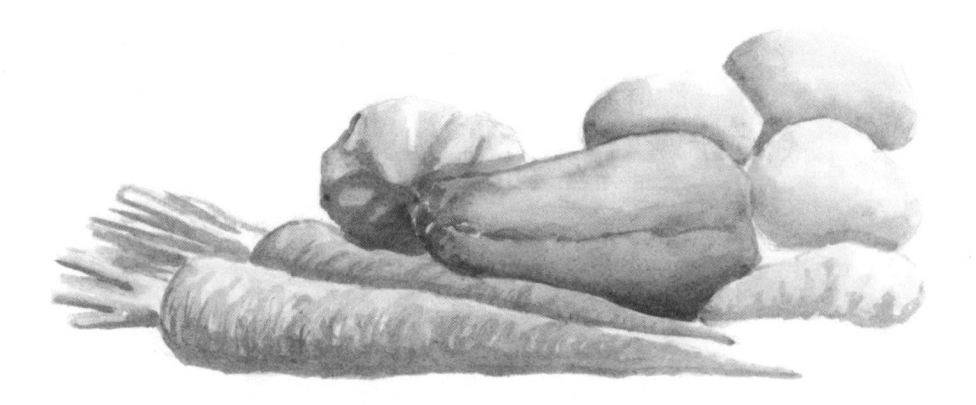

CASCAS DE BANANAS À MILANESA

8 cascas de bananas separadas em duas partes
2 ovos
2 colheres (de sopa) de farinha de trigo
6 colheres (de sopa) de farinha de rosca
1 cebola picada
2 dentes de alho amassados
3 colheres (de sopa) de azeite
5 tomates maduros picados e batidos no liquidificador
50g de queijo ralado
Salsa picadinha
Sal a gosto
Óleo para fritar

Lave bem as bananas, separe as cascas em duas partes e reserve. Bata os ovos, acrescente farinha de trigo e o sal, misture formando uma massinha. Passe as cascas nessa mistura e em seguida na farinha de rosca. Frite-as. À parte, refogue a cebola e o alho no azeite e acrescente os tomates já batidos no liquidificador. Coloque o sal e a salsa e deixe ferver. Em um refratário, coloque as cascas de bananas fritas, cubra-as com o molho e polvilhe o queijo ralado. Coloque no forno para aquecer e sirva.

CHILLI DE SOJA

¾ de xícara (de chá) de proteína de soja granulada sem hidratar
3 colheres (de sopa) de azeite
1 cebola picada
3 dentes de alho amassados
6 tomates picados em cubos (sem pele)
1 xícara (de chá) de cogumelos picados
1 berinjela cortada em cubos
10 azeitonas pretas picadas
1½ xícara (de chá) de feijão azuki (cozido) com o caldo
Sal, pimenta e páprica picante a gosto

Doure a cebola e o alho no azeite, adicione os tomates, a berinjela e as azeitonas. Misture bem e deixe ferver um pouco, coloque os temperos, junte o feijão já cozido, a proteína de soja e os cogumelos, misture, deixe ferver. Abaixe o fogo. Se estiver seco, junte mais um pouco de água. Quando ficar com boa consistência, desligue o fogo. Sirva com arroz.

COUVE-DE--BRUXELAS COM ERVAS

300g de couve-de-bruxelas
4 colheres (de sopa) de margarina light
2 xícaras (de chá) de uvas pretas e verdes sem sementes
Sal e pimenta-do-reino a gosto
Suco de limão

Apare e limpe as couves-de-bruxelas, cozinhe em água e sal por 8 minutos; tire da água e conserve-as quentes. Em uma panela com a margarina aquecida, adicione as uvas, tampe e cozinhe por 2 minutos. Retire do fogo, coloque as uvas e as couves-de-bruxelas em uma travessa, tempere com sal e pimenta e respingue com limão.

COUVE-FLOR COM CREME DE LEITE

1 couve-flor
1 caixinha de creme de leite light
Sal a gosto
Queijo ralado

Cozinhe só as flores da couve-flor em água e sal *al dente*. Em uma forma refratária untada com margarina light, arrume os buquês de couve-flor e derrame o creme de leite. Polvilhe queijo ralado com um pouquinho de farinha de rosca e leve ao forno para gratinar.

CREME DE CHUCHU

4 chuchus
1 xícara (de chá) de frango cozido e desfiado
3 ovos batidos levemente
1 colher (de sopa) de amido de milho
½ xícara (de chá) de leite desnatado
3 colheres (de sopa) de queijo ralado
1 colher (de chá) de cominho
Sal e pimenta-do-reino a gosto
Farinha de rosca

Cozinhe os chuchus em água e sal até que fiquem macios. Escorra-os e esmague-os com um garfo e deixe-os escorrer novamente em uma peneira. Desfie o frango, junte o chuchu, o amido de milho dissolvido no leite, o queijo ralado e os ovos. Mexa bem, tempere com o sal, a pimenta e o cominho. Despeje em um refratário untado e enfarinhado com farinha de rosca. Salpique com farinha de rosca misturada com queijo ralado e leve ao forno médio preaquecido para gratinar.

CREME DE ESCAROLA COM ALHO

1 pé de escarola cozida e picada bem fininha
4 dentes de alho amassados
2 colheres (de sopa) de farinha de trigo
250ml de leite
2 colheres (de sopa) de margarina vegetal light
50g de queijo ralado
Sal e pimenta-do-reino a gosto

Refogue o alho na margarina, acrescente o leite, a farinha, o sal, a pimenta-do-reino e o queijo. Mexa até engrossar. Coloque a escarola em uma travessa, espalhe o molho por cima e salpique com queijo ralado. Enfeite com folhinha de manjericão. Sirva em seguida.

CREME DE FOLHAS DE COUVE-FLOR

4 xícaras (de chá) de folhas de couve-flor picadas bem miúdas
1 cebola picada
2 dentes de alho amassados
2 colheres (de sopa) de azeite
2 colheres (de sopa) de queijo ralado
2 colheres (de sopa) de farinha de trigo
½ xícara (de chá) de água
½ xícara (de chá) de leite
Sal e pimenta-do-reino a gosto

Em uma panela, refogue no azeite, a cebola e o alho, junte as folhas de couve-flor picadas e o sal, misture e tampe a panela por alguns minutos até as folhas ficarem *al dente*. À parte, misture o queijo ralado, a farinha de trigo, o leite e a água. Adicione ao refogado. Mexa até o creme encorpar. Sirva ainda quente.

CROQUETE DE BATATA

1 cebola ralada
2 dentes de alho amassados
1 colher (de sopa) de salsinha picada
1½ xícara (de chá) de farinha de trigo
6 xícaras (de chá) de batatas cozidas e amassadas
Sal a gosto
Óleo de soja para fritar

Em uma tigela, coloque a batata amassada, a cebola, o alho, a salsinha, o sal e a farinha de trigo. Misture bem. Leve a mistura ao fogo em uma panela untada e mexa até soltar do fundo da panela. Deixe esfriar, modele os croquetes, passe na farinha de trigo e frite em óleo quente até dourar.

Você também pode rechear os croquetes com frango, palmito ou com outro recheio de sua preferência.

CROQUETE DE CHUCHU

4 chuchus picados
1½ xícara (de chá) de farinha de trigo
1 cebola picada bem fininha
2 dentes de alho amassados
1 colher (de café) de curry
Sal a gosto
Óleo para fritura

Coloque o chuchu para cozinhar em uma panela com água. Retire do fogo, coe, amasse e acrescente a cebola, o alho, o curry, o sal e a farinha de trigo. Misture bem e leve novamente ao fogo até desprender da panela. Tire da panela, deixe esfriar. Modele a massa em forma de croquete, passe na farinha de trigo e frite em óleo quente. Retire o excesso de óleo com papel absorvente ou em folhas de alface.

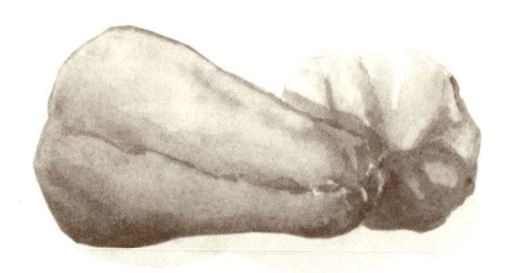

ESPINAFRE À GREGA

1 maço de espinafre (só as folhas)
2 cebolas picadinhas
3 dentes de alho amassados
3 colheres (de sopa) de óleo de soja ou azeite
½ pote de iogurte natural desnatado
Sal e pimenta-do-reino a gosto
Páprica picante

Cozinhe o espinafre, escorra bem a água e pique bem miudinho. Em uma panela, doure a cebola e o alho no óleo ou azeite, acrescente o espinafre. Deixe cozinhar até secar bem a água. Acrescente o sal e a pimenta, tire do fogo, junte com o iogurte, passe para uma travessa e salpique com a páprica. Sirva como acompanhamento para peixes e arroz.

ESPINAFRE COM CREME DE QUEIJO

1 maço de espinafre
1 copo de requeijão light
½ copo de leite desnatado
Sal a gosto

Misture bem, o requeijão com o leite desnatado e o sal sempre no fogo, até tornar-se um creme homogêneo. Reserve. Corte e lave bem o espinafre (dispense os talos mais duros). Cozinhe-os em pouca água. Corte bem as folhas (batidinhas na tábua de carne). Misture ao espinafre o creme reservado.

FALSO MACARRÃO COM BROTO DE FEIJÃO

300g de broto de feijão cozido

MOLHO:
8 tomates maduros sem cascas e sementes, cortado em cubos
1 cebola média cortada em rodelas finas
3 dentes de alho amassados
3 colheres (de sopa) de azeite
Queijo ralado, sal e pimenta-do--reino a gosto

Doure o alho e a cebola no azeite. Acrescente os tomates, deixe cozinhar sem desmanchar. Tempere com o sal e a pimenta.
Cozinhe o broto de feijão durante quatro minutos em água e sal. Reserve.
Em uma forma refratária, coloque os brotos de feijão ainda quentes. Espalhe o molho por cima e salpique o queijo ralado. Sirva em seguida.

FAROFA DE CENOURA CRUA

2 colheres (de sopa) de azeite
1 cebola picada
3 dentes de alho amassados
10 azeitonas pretas, sem caroços picadas
2 tomates picados
Cheiro-verde picadinho
3 cenouras (médias) raladas
1 colher (de sopa) de suco de limão
Farinha de mandioca torrada
Sal e pimenta-do-reino a gosto

Misture todos os ingredientes e adicione, aos poucos, a farinha de mandioca. Mexa bem até conseguir a textura desejada. Não vai ao fogo.

FEIJOADA COM GLÚTEN

½kg feijão preto (deixar de molho por 3 horas)
2 xícaras (de chá) de glúten picado
1 cenoura cortada em pedaços
1 nabo picado
1 xícara (de chá) de acelga picada
2 colheres (de sopa) de azeite
5 dentes de alho amassados
2 cebolas picadas
3 folhas de louro
Sal e pimenta a gosto

Corte os legumes. Cozinhe o feijão *al dente*, faça um refogado com os legumes e os temperos e junte ao feijão quase cozido ainda quente. Deixe ferver por mais 20 minutos, retire o louro e sirva com arroz.

FEIJOADA VEGETAL

3 colheres (de sopa) de azeite
3 dentes de alho amassados
2 cebolas médias picadas
½ xícara (de chá) de proteína de soja em pedaços
1 bardana fina em pedaços
1 xícara (de chá) de feijão azuki
2 folhas de louro
Salsa picada
1 colher (de chá) de curry
Sal a gosto

Deixe o feijão azuki de molho em água por 5 horas.
Cozinhe o feijão na água com o sal, a bardana e o louro. Reserve. Coloque em uma panela o óleo, a cebola, o alho e a proteína de soja em pedaços, deixe fritar até que a proteína vegetal fique dourada, junte o feijão cozido. Leve ao fogo mais 20 minutos. Acrescente a salsa e o curry. Prove o sal. Sirva quente.

FEIJOADA VEGETARIANA DA ERCÍLIA

200g de feijão preto
200g de feijão azuki
1 xícara (de chá) de proteína de soja granulada
½ xícara (de chá) de talos de couve-flor
1 xícara (de chá) de talos de brócolis
1 xícara (de chá) de nabo cortado em cubos
3 folhas de louro
6 folhas de couve rasgada em pedaços

3 colheres (de sopa) de azeite
1 cebola picada
4 dentes de alho amassados
1 colher (de sopa) de curry em pó
Sal e pimenta a gosto

Deixe o feijão azuki de molho com o louro por 5 horas, cozinhando em seguida. Reserve. Deixe o feijão preto de molho por 2 horas. Cozinhe com o louro. Reserve. Doure a cebola e o alho no azeite. Junte os talos e o nabo previamente cozidos. Junte os demais temperos, menos o louro, que deve ser cozido junto com os feijões. Deixe refogar por alguns minutos. Acrescente os feijões cozidos. Retire o louro, ferva tudo até que o caldo engrosse.

FRITADINHAS DE BATATAS COM AVEIA

1 cebola média bem picadinha
3 batatas grandes descascadas
3 cenouras descascadas
100g de aveia em flocos finos
2 ovos inteiros
Sal e pimenta-do-reino a gosto

Rale as batatas e a cenoura em ralo grosso. Leve ao fogo em uma panela com uma xícara (de chá) de água, ferva por 5 minutos, escorra e reserve.

Em uma tigela funda, misture a cebola, o ovo, o sal e a aveia, acrescente a batata e a cenoura afervetadas e mexa bem.

Em uma frigideira, coloque 3 colheres (de sopa) de manteiga e 3 colheres (de sopa) de azeite e leve ao fogo para aquecer. Forme fritadinhas, modelando com a palma das mãos, e vá colocando na frigideira, virando-a dos dois lados para que fritem por igual.

Retire com uma espátula e coloque para escorrer em papel absorvente. Sirva a seguir, acompanhadas com salada.

GELATINA DE LEGUMES

2 xícaras (de chá) de água
1 couve-flor pequena
2 cenouras médias
150g de vagem
1½ xícara (de chá) de cogumelos
Salsa, cebolinha
1 colher (de café) de noz-moscada
Sal a gosto
½ colher (de sopa) de ágar-ágar em pó (ágar-ágar é gelatina vegetal)

Corte os legumes em pedaços e cozinhe em água e sal. Reserve a água que foi usada para o cozimento.

Junte a essa água o ágar-ágar, leve ao fogo por 8 minutos, mexendo bem até formar um caldo. Coloque os legumes e os cogumelos no caldo, mexa bem. Coloque em uma forma para endurecer. Prove o sal. Salpique com a salsinha, a cebolinha e a noz-moscada.

MANGA GRELHADA COM BROTO DE ALFAFA

2 mangas grandes
1 embalagem de broto de alfafa
2 colheres (de sopa) de manteiga
3 colheres (de sopa) de gergelim branco
Canela em pó e sal a gosto

Em uma panela, torre o gergelim, junte o sal e a canela. Corte as mangas em fatias grossas, passe essa mistura nas fatias pressionando bem. Reserve. Decore alguns pratos pequenos com uma porção dos brotos de alfafa. Em outra panela, aqueça a manteiga, grelhe ligeiramente as fatias de manga e coloque-as nos pratos sobre os brotos. Reserve.

MOLHO:

2 colheres (de sopa) de tahine
4 colheres (de sopa) de água fria
3 colheres (de sopa) de suco de limão
Sal a gosto

Prepare o molho, batendo bem todos os ingredientes. Cubra as mangas com o molho. Sirva a seguir com arroz.

PAELLA DE ARROZ INTEGRAL

3 dentes de alho amassados
1 cebola picada
3 colheres (de sopa) de azeite
2½ xícaras (de chá) de arroz integral cozido (ver pág. 43)
2 tomates cortados sem sementes
200g de ervilhas frescas
1 abobrinha cortada em cubos
1 cenoura cortada em cubos
3 pimentões cortados (um verde, um vermelho e um amarelo)
½kg de peito de frango cortado em cubos
Sal, pimenta-do-reino a gosto
1 colher (de chá) de páprica picante

Em uma paelheira, aqueça o azeite, coloque frango e deixe fritar até secar toda a água, mexendo sempre. Acrescente a cebola e frite mais um pouco. Junte a abobrinha, a cenoura e as ervilhas. Refogue um pouco. Junte os pimentões e refogue por mais cinco minutos. Adicione o arroz integral já cozido e mexa. Deixe alguns minutos no fogo mexendo sempre para que o arroz pegue o gosto. Tire do fogo e sirva a seguir com salada verde.

PANQUECA DE SHITAKE

MASSA:
Veja receita de *Massa para panqueca sem ovos* (pág. 84)

RECHEIO:
6 cogumelos shitake frescos
Cebolinha
Água
Sal a gosto
Óleo

Corte o shitake e a cebolinha em pequenos cubos. Refogue o shitake, a cebolinha e duas pitadas de sal numa frigideira com um pouco de óleo e água.

MOLHO:

Semente de coentro
5 colheres (de sopa) de azeite
5 colheres (de sopa) de limão
3 dentes de alho amassados

Misture todos os ingredientes do molho e coloque sobre a panqueca.

POLENTA BÁSICA

2 xícaras (de chá) de fubá
1½ xícara (de chá) de água fria
3 colheres (de sopa) de margarina light
4 xícaras (de chá) de água fervente
Sal a gosto
Queijo ralado

Misture o fubá com água fria e o sal. Junte a água fervente, misture e leve ao fogo baixo mexendo sempre durante 25 minutos, acrescente a margarina, misture bem e coloque em uma travessa funda. Sirva com molho à bolonhesa (ver pág. 86) e queijo ralado.

POLENTA COM MOLHO DE LINGUIÇA DE FRANGO

2 xícaras (de chá) de fubá
2 xícaras (de chá) de água fria
2 colheres (de sopa) de margarina light
4 xícaras (de chá) de água fervente
Sal a gosto
½ copo de requeijão light (ver pág. 42)

Misture o fubá com a água fria e o sal, junte a água fervente, misture e leve ao fogo baixo mexendo sempre, durante 30 minutos. Acrescente a margarina, misture bem, adicione o requeijão e mexa. Em uma travessa refratária, coloque um pouco de molho de linguiça de frango (ver pág. 86), um pouco de polenta e vá intercalando as camadas, terminando com molho. Cubra com queijo e sirva em seguida.

Obs: essa polenta é de consistência mole (tipo angu).

POLENTA COM QUEIJO E ESPINAFRE

Polenta básica (ver pág. 123)
1 maço de espinafre, só os galhinhos menores
1 cebola cortada em rodelas finas
4 dentes de alho amassados
3 colheres (de sopa) de azeite
1 colher (de sopa) de amido de milho
Sal a gosto
300g de queijo branco cortado em fatias bem finas

Doure o alho e a cebola no azeite, acrescente o espinafre afervenido e espremido, cortado bem miúdo, refogue por alguns minutos e junte o amido de milho e o sal. Deixe engrossar, tire do fogo e reserve. Use formas pequenas na montagem para servir individualmente. Unte as formas e monte o prato em camadas na seguinte ordem: fatias de polenta (se preferir, grelhe a polenta numa frigideira antiaderente antes da montagem), um pouco de espinafre, fatias de queijo e outra fatia de polenta. Leve ao forno para gratinar. Desenforme para servir.

POLENTA FRITA

Faça a massa básica de polenta. Coloque em uma forma baixa, depois de fria, e leve à geladeira até endurecer. Corte em pedaços pequenos, passe pela farinha de trigo e frite em óleo quente.

PUDIM DE LEGUMES COM QUEIJO

40g de manteiga light
4 ovos
½ pacotinho de creme de leite light
2 colheres (de sopa) de farinha de trigo
Queijo ralado
Sal
1 xícara (de chá) de cenoura cozida e picada
1 xícara (de chá) de couve-flor cozida e picada
1 xícara (de chá) de escarola refogada

Bata a manteiga com as gemas, o creme de leite, o sal, a farinha de trigo e, por último, as claras em neve e o queijo ralado. Misture os legumes já cozidos. Asse em um refratário untado e polvilhado. Espalhe queijo ralado e farinha de rosca por cima para gratinar.

PURÊ DIFERENTE

6 batatas cozidas e amassadas
½ xícara (de chá) de cebola ralada
3 colheres (de sopa) de maionese light
3 colheres (de sopa) de creme de leite light
1 cenoura ralada
Queijo ralado
Sal a gosto
Rama de cenoura para decorar

Em uma travessa, coloque as batatas amassadas, tempere com sal, cebola, maionese, creme de leite e a cenoura ralada. Mexa bem, passe para outra travessa, arrume bem, salpique com queijo ralado, decore com a rama de cenoura. Sirva quente.

QUIBE DE BERINJELA

1 xícara (de chá) de trigo para quibe
1 cebola grande ralada
1 cebola picada
1 berinjela picada em cubos
1 cenoura ralada
3 dentes de alho amassados
2 batatas cozidas e amassadas
3 colheres (de sopa) de hortelã picadinha
2 colheres (de sobremesa) de sal
Pimenta-do-reino
3 colheres (de sopa) de óleo
2 tomates em rodelas
Um pouco de azeite

Em uma tigela coloque o trigo de molho com 1 xícara (de chá) de água fervente. Deixe descansar por 15 minutos, acrescente a cebola ralada e 1 colher (de sobremesa) rasa de sal. Mexa bem e deixe por mais 45 minutos. Reserve. Em uma panela, ponha o óleo, a cebola e o alho picadinho para dourar. Coloque a cenoura ralada e a berinjela em cubos para uma rápida refogada. Retire do fogo, junte a batata amassada, o trigo, a hortelã, o sal e a pimenta e misture bem. Em um forma refratária untada coloque a massa, aperte bem, enfeite com rodelas de tomate e regue com um pouco de azeite. No forno convencional preaquecido: 30 minutos. No forno micro-ondas, coloque filme de PVC: 12 minutos na potência alta. Sirva quente ou frio.

QUIBE SEM CARNE COM BATATAS

1½ xícara (de chá) de trigo para quibe
700g de batata ralada (crua)
2 colheres (de sopa) de cheiro verde picado
1 colher (de chá) de orégano
2 colheres (de sopa) de hortelã picadinha
1 cebola picada
1 pimentão vermelho picado
Sal e pimenta-do-reino a gosto

Deixe o trigo de molho por 30 minutos. Depois coe e esprema bem para retirar toda a água. Junte os demais ingredientes, amasse bem e reserve.

RECHEIO:

1 colher (de sopa) de manteiga
2 cebolas picadas
½ pacote de creme de cebola
300g de ricota fresca

Derreta a manteiga e frite a cebola; tire do fogo. Junte a ricota, o creme de cebola e misture tudo muito bem. Unte um refratário com óleo. Estique a metade da massa, espalhe o recheio e cubra com o restante da massa. Regue com azeite e leve ao forno por aproximadamente 1 hora ou até que fique bem assado. Sirva com salada verde.

QUIBE VEGETARIANO

2 cebolas picadas
2 colheres (de sopa) de gengibre fresco ralado
5 galhinhos de hortelã picados
3 batatas cozidas e amassadas
3 colheres (de sopa) de shoyu
3 colheres (de sopa) de gergelim
1½ xícara (de chá) de proteína de soja granulada
1 xícara (de chá) de trigo para quibe
1½ xícara (de chá) de farinha de trigo integral
Sal e pimenta-do-reino a gosto

Coloque o trigo para quibe e a proteína de soja de molho em água morna por 40 minutos (separados). Escorra e esprema bem, reserve. Coloque os outros ingredientes no liquidificador e bata bem. Misture com a proteína e trigo para quibe que ficaram de molho, mexa bem para que fique uma massa homogênea. Coloque em uma forma untada, aperte bem, regue com um pouco de azeite e leve ao forno por aproximadamente 50 minutos.

REPOLHO ROXO ASSADO COM MAÇÃ

3 maçãs picadas em cubos
2 cebolas cortadas em rodelas
1 repolho roxo cortado bem fininho
2 colheres (de sopa) de vinagre de maçã
2 colheres (de sopa) de mostarda
4 colheres (de sopa) de azeite
2 colheres (de sopa) de mel ou xarope de glicose tipo Karo
1 colher (de chá) de canela
Sal e pimenta-do-reino a gosto

Em um forma refratária 30x20cm coloque camadas de maçã, cebola e repolho. Reserve. Misture separadamente o mel (ou xarope de glicose), o azeite, o vinagre, a mostarda, a canela e o sal e regue a mistura do repolho. Leve ao forno, até ficar macio, de 15 a 20 minutos. Durante este tempo, mexa por 2 a 3 vezes para que cozinhe por igual. Sirva quente, acompanhado com arroz.

SHITAKE ABAFADO

3 colheres (de sopa) de molho de soja
1 colher (de sopa) de saquê ou vinho branco
4 colheres (de chá) de manteiga
24 shitakes grandes sem o talo
Recorte 4 pedaços de papel-alumínio no tamanho de 30x50cm

Escolha 24 shitakes de tamanhos similares, corte os talos, que são um pouco duros. O ideal é não lavar os shitakes (pois eles absorvem muita água e podem ficar aguados): se houver algum resíduo de madeira, limpe cuidadosamente com papel toalha. Acomode 6 shitakes em cada um dos pedaços de papel-alumínio, formando, desse modo, quatro porções. Misture o shoyu e o saquê, pingue a mistura sobre os cogumelos, colocando, em seguida, pedaços de manteiga em cima de cada shitake. Feche o papel-alumínio em forma de envelope, dobre bem as laterais para vedar por completo. Aqueça uma chapa ou uma frigideira grande, daquelas antiaderentes, colocando o "envelope" apenas quando a chapa ou frigideira estiver bem quente. Preste atenção, pois após alguns minutos os envelopes vão inflar (como acontece com saquinhos de pipoca de micro-ondas), indicando que os shitakes estão prontos. Cuidado ao abrir os envelopes para não se queimar.

SHITAKE AO MOLHO DE CAPIM-LIMÃO

500g de cogumelo shitake
½ xícara (de chá) de molho de soja
4 folhas de capim-limão
1 colher (de sopa) de sopa de óleo de gergelim
¼ de xícara (de chá) de água

Refogue, ligeiramente, os cogumelos, utilizando o óleo de gergelim. Acrescente o molho de soja, a água e as folhas de capim-limão. Tampe a panela e deixe cozinhar em fogo baixo, por quinze minutos.

Destampe e deixe evaporar um pouco do caldo. Retire as folhas e sirva.

SHITAKE EMPANADO

18 shitakes (cogumelos secos)
Tempere com:
2 colheres (de sopa) de saquê (vinho de arroz)
1 colher (de sopa) de açúcar
6 gotas de suco de gengibre fresco
3 colheres (de sopa) de caldo de frango
Sal a gosto

MASSA:
1 ovo
1 pitada de sal
1 colher (de sopa) de óleo
2 colheres (de sopa) de amido de milho
Óleo para fritura

Deixe os shitakes de molho em água morna até ficarem macios. Esprema a água e retire os talos, junte aos temperos e coloque em uma tigela. Coloque a tigela em uma panela com água e deixe cozinhar no vapor por 20 minutos. Misture em uma tigelinha os ingredientes da massa. Aqueça o óleo. Enquanto isso, dê umas batidinhas nos shitakes (para tirar o excesso de tempero) antes de empaná-los. Frite até dourar.

SHITAKE GRELHADO

200g de cogumelos shitake
1 limão
3 colheres (de sopa) de óleo
1 colher (de sopa) de ervas a seu gosto
Sal, pimenta-do-reino e alho picado

Esprema o suco de limão e misture com o óleo, o alho, as ervas, sal e a pimenta. Mergulhe os cogumelos neste molho e deixe repousar por 30 minutos. Coloque os cogumelos na grelha, virando de vez em quando e pincelando com o próprio molho que sobrou.

ESTROGONOFE DE LEGUMES

1 cebola picada
3 dentes de alho amassados
3 colheres (de sopa) de azeite
4 tomates sem pele e sem sementes, picados
3 batatas picadas
1 abobrinha em tirinhas
1 cenoura em tirinhas
1 xícara (de chá) de vagem cortada ou em tirinhas
1½ xícara (de chá) de água
2 colheres (de chá) de salsinha
1 colher (de chá) de orégano
1 colher (de chá) de curry
1 colher (de café) de noz-moscada
2 colheres (de sopa) de catchup
½ lata de creme de leite desnatado
Sal e pimenta-do-reino a gosto

Frite o alho e a cebola no azeite, junte o tomate picado, os legumes e a água. Deixe cozinhar até secar o caldo em fogo baixo. Acrescente o restante dos temperos, o sal, a pimenta e por último o creme de leite e o catchup. Sirva quente com arroz branco.

ESTROGONOFE DE PROTEÍNA DE SOJA

1½ xícara (de chá) de proteína de soja texturizada granulada
2 colheres (de sopa) de margarina light
1 cebola picada
3 dentes de alho amassados
5 tomates maduros
3 colheres (de sopa) de farinha de trigo
1 xícara (de chá) de leite desnatado
Sal e pimenta-do-reino a gosto

Deixe a proteína de soja de molho por 30 minutos em água morna. Escorra e refogue em 1 colher (de sopa) de margarina a cebola e o alho. Acrescente o tomate batido no liquidificador, deixando cozinhar por 15 minutos. À parte, derreta o restante da margarina, acrescente a farinha de trigo e deixe dourar. Aos poucos, acrescente o leite morno, mexendo bem para não empelotar. Volte ao fogo e mexa. Acrescente este molho ao refogado, verifique o sal, coloque a pimenta a seu gosto, o creme de leite e mexa bem; desligue o fogo. Sirva quente, acompanhado de arroz branco.

SUFLÊ DE ESPINAFRE (I)

2 maços de espinafre (só as folhas)
2 colheres (de sopa) de óleo de soja
3 dentes de alho amassados
1 cebola picadinha
Sal a gosto
3 xícaras (de chá) de leite desnatado
5 colheres (de sopa) de farinha de trigo
2 claras em neve
1 colher (de chá) de noz-moscada
Pimenta-do-reino a gosto

Refogue o espinafre com o óleo, o alho, a cebola e o sal. Reserve. Em uma panela, coloque o leite, a farinha, o sal, a pimenta e a noz-moscada; mexa bem para dissolver a farinha. Leve ao fogo mexendo sempre para não empelotar e deixe até engrossar. Tire do fogo, leve para uma tigela e misture o espinafre reservado, mexa e, por último, adicione as claras em neve, mexendo levemente. Coloque em um refratário untado e polvilhado. Leve ao forno por 30 minutos. Sirva quente.

SUFLÊ DE ESPINAFRE (II)

1 colher (de sopa) de margarina light
2 colheres (de sopa) de farinha de trigo
2 xícaras (de chá) de leite
1 prato de espinafre cozido, espremido e bem picadinho
2 gemas
2 colheres (de sopa) de queijo ralado
Sal a gosto
2 claras batidas em neve

Leve ao fogo a margarina com a farinha de trigo, junte o leite quente e mexa até engrossar. Acrescente o espinafre, as gemas, o queijo ralado e o sal. Por último, acrescente as claras em neve. Coloque no forno por 20 minutos em forma untada e polvilhe com queijo ralado.

SUFLÊ DE NOZES COM TOFU

1 xícara (de chá) de pão esfarelado
¼ de xícara (de chá) de gergelim
1 xícara (de chá) de cenoura cozida
½ cebola picada
1 colher (de chá) de orégano
2 tomates
1½ xícara (de chá) de tofu
½ xícara (de chá) de nozes
Sal a gosto

Bata todos os ingredientes no liquidificador, menos o gergelim. Coloque em um refratário untado e polvilhe o gergelim por cima. Asse em forno moderado.

TEMPURÁ

Os ingredientes do tempurá são cobertos por uma fina massa e fritos até ficarem crocantes, através de um método que mantém todo o seu valor nutritivo. Respeitando os detalhes básicos, você também poderá fazer tempurá em sua casa.

Se a quantidade de massa não for o suficiente, faça mais, respeitando as porções indicadas na receita. Evite utilizar óleo já usado em outras frituras, para que a cor do tempurá fique bem clarinha e os ingredientes bem leves.

TEMPURÁ

MASSA:
- *1 ovo*
- *1 colher (de chá) de sal*
- *1 xícara (de chá) de água gelada*
- *1 xícara (de chá) de farinha de trigo peneirada*

Os ingredientes da massa devem ser conservados em geladeira. Se usados em temperatura ambiente, a fritura fica oleosa e pesada. Em uma xícara, misture o ovo e o sal sem bater, complete com água gelada e mexa bem. Passe para uma tigela e junte, aos poucos, a farinha peneirada. Misture bem sem bater, não mexa demais para não espumar e não deixe próximo a lugares quentes.

RECHEIO:
- *Óleo de canola para fritar*
- *10 camarões médios limpos (conservando a cauda)*
- *10 peixinhos pequenos limpos e abertos*
- *1 cebola grande descascada (corte ao meio no sentido do comprimento, vire cada metade para baixo e corte em meia-lua)*
- *150g de abóbora cortada em pedaços retangulares*
- *2 batatas-doces em rodelas (deixe na água por 10 minutos para não perder a cor)*
- *2 cenouras descascadas (corte no sentido do comprimento fatias de 4cm)*
- *150g de vagem cortadas em pedaços de 4cm*
- *10 cogumelos shitake (corte os cabos)*
- *1 xícara (de chá) de farinha*

Teste a temperatura do óleo, que deve ser mais ou menos 160°C. Frite antes os ingredientes mais duros.

Para fritar a cenoura, a abóbora e a cebola, mergulhe um pedaço de cada vez na massa e em seguida, no óleo quente. Frite por 3 minutos cada pedaço separadamente. Frite os cogumelos por 1 minuto. Faça feixes de 3 vagens, passe-as na farinha de trigo antes de passá-las na massa. Frite por 2 minutos.

Acrescente mais óleo na frigideira e deixe esquentar. Polvilhe os peixes e os camarões com farinha, passe na massa e frite.

Depois de fritar todos os ingredientes, rapidamente disponha-os em uma travessa grande, sempre com papel absorvente sob as frituras.

MOLHO:
- *6 colheres (de sopa) de nabo ralado*
- *3 colheres (de sopa) de gengibre ralado*
- *4 colheres (de sopa) de shoyu*
- *½ copo de vinho branco doce*
- *Sal a gosto*

Em uma tigela, junte todos os ingredientes para que cada pessoa se sirva a gosto.

TORTA DE MILHO

MASSA:

1 xícara (de chá) de farinha de trigo
1 xícara (de chá) de amido de milho
4 colheres (de sopa) de margarina (forno e fogão)
50g de queijo ralado
1 ovo batido
1 xícara (de chá) de leite
1 colher (de sopa) de fermento em pó
Sal a gosto

Misture todos os ingredientes e amasse levemente. Coloque na geladeira por aproximadamente 40 minutos.

RECHEIO:

3 colheres (de sopa) de azeite
3 dentes de alho amassados
2 colheres (de sopa) de amido de milho
2 cebolas cortadas bem fininhas
10 azeitonas sem caroço, picadas
3 espigas de milho (aferventadas com água e sal)
Sal e pimenta-do-reino a gosto
Cheiro-verde picadinho
½ xícara (de chá) de água
100g de creme de leite de caixinha

Em uma panela, coloque o azeite, o alho, a cebola; refogue por alguns minutos. Acrescente o milho, as azeitonas, o sal, a pimenta e o amido de milho diluído em água. Mexa até encorpar, tire do fogo. Junte o creme de leite e o cheiro-verde, misture bem e deixe esfriar.

MONTAGEM:

Abra a massa com o rolo e forre uma forma redonda pequena untada e enfarinhada. Coloque o recheio, cubra com o restante da massa, pincele com gema e asse em forno regular.

TORTA DE RÚCULA

MASSA:

1 colher (de sopa) de manteiga
1 cebola ralada
1½ xícara (de chá) de leite
2 ovos
1 xícara (de chá) de farinha de trigo
1 pacote (50g) de queijo ralado
1 colher (de sopa) de fermento em pó
Sal a gosto

RECHEIO:

10 tomates secos picados
150g de queijo de minas fatiado
2 xícaras (de chá) de rúcula picadinha
Sal e pimenta-do-reino a gosto

Bata no liquidificador os ingredientes da massa. Distribua a metade em uma forma untada. Coloque o queijo minas, a rúcula temperada com sal e pimenta e os tomates secos. Despeje o restante da massa e leve ao forno por mais ou menos 30 minutos.

TORTA DE SARDINHA

- 2 colheres (de sopa) de azeite
- 1 cebola picada
- 2 dentes de alho amassados
- 4 tomates picados
- 2 latas de sardinha
- 2 colheres (de sopa) de salsinha picada
- 5 pães francês amanhecidos fatiados
- 3 colheres (de sopa) de maionese light (ver pág. 35)

Frite a cebola e o alho no azeite, acrescente o tomate e refogue. Acrescente a sardinha e a salsinha picada. Tire do fogo e reserve. Em um refratário, monte a torta da seguinte maneira: 1ª camada de pão fatiado, 2ª camada de maionese e 3ª camada do refogado de sardinha. Termine com a última camada do refogado de sardinha. Leve ao forno preaquecido por 20 minutos.

VAGONE DE CASTANHA-DE- CAJU NA MANTEIGA

- 3 colheres (de sopa) de margarina light
- 500g de vagem cortadas ao meio e cozidas al dente
- 200g de castanha-de-caju torradas e picadinhas
- Sal e pimenta-do-reino a gosto

Em uma panela derreta a margarina, misture as castanhas-de-caju e deixe uns 3 minutos. Adicione as vagens, misturando bem com a margarina, tempere com sal e pimenta a gosto. Sirva em seguida.

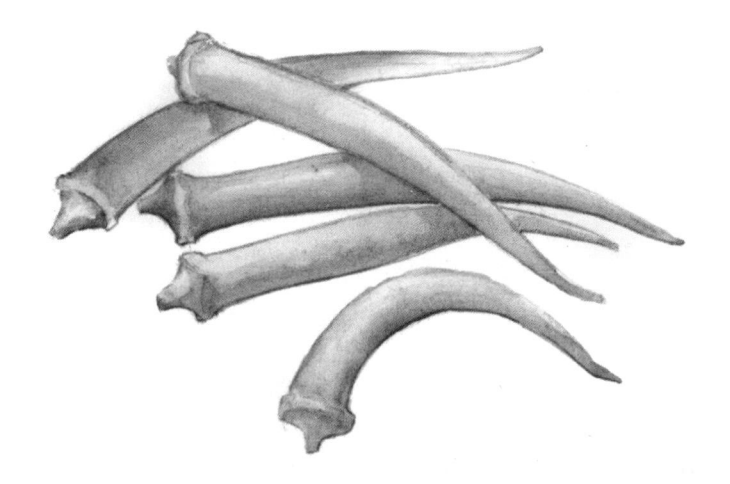

VIRADO DE QUIABO

- 1½ xícara (de chá) de quiabo picado
- 2 colheres (de sopa) de azeite
- 2 dentes de alho
- ½ xícara (de chá) de água
- 2 colheres (de sopa) de vinagre de maçã
- 1 xícara (de chá) de arroz cozido
- 1 cebola picada
- 2 tomates picados
- 1 xícara (de chá) de farinha de milho
- 2 colheres (de sopa) de salsinha picada
- Sal e pimenta-do-reino a gosto

Lave e corte o quiabo em rodelas finas, refogue com o alho no azeite, adicione a água e o vinagre e deixe cozinhar até ficar *al dente*. Acrescente o arroz cozido, a cebola, o tomate e a farinha de milho, misture bem e verifique o sal. Adicione a salsinha picada.

VIRADINHO DE QUIABO

- 2 xícaras (de chá) de quiabo cortadinho
- 2 colheres (de sopa) de óleo de canola
- 4 dentes de alho amassados
- 1 cebola picadinha
- Sal e pimenta-do-reino a gosto
- 1 xícara (de chá) de farinha de milho
- 1 colher (de sopa) de sementes de linhaça

Em uma panela coloque o óleo, o alho e a cebola para dourar, refogue os quiabos, coloque o sal e a pimenta. Quando o quiabo estiver macio, acrescente a farinha de milho. Desligue o fogo, coloque as sementes de linhaça e mexa bem. Sirva com arroz e peixe assado.

Este virado é rico em fibras, ótimo para o bom funcionamento do intestino.

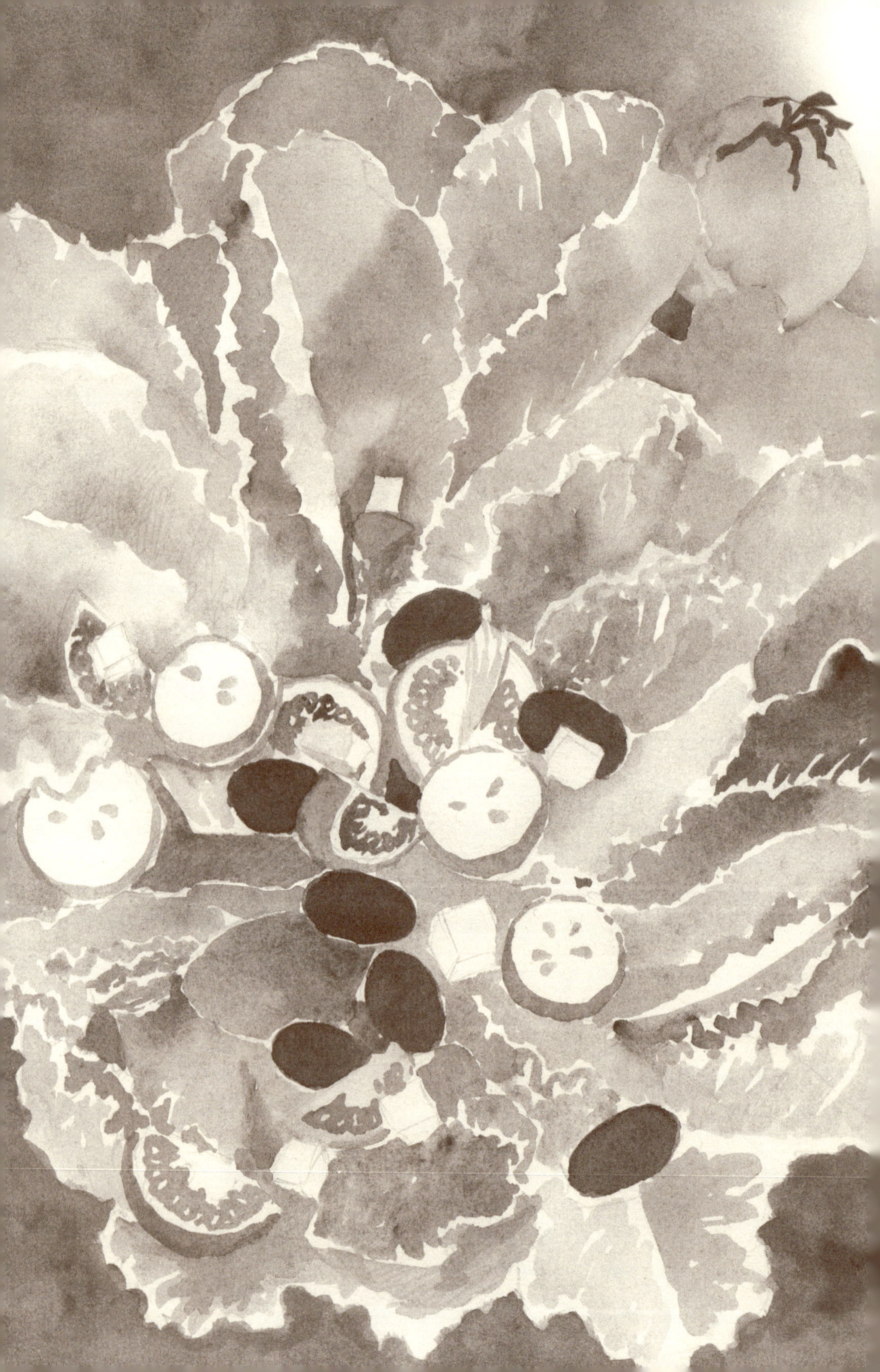

SALADAS

SALADA DE BROTOS DE FEIJÃO COM CENOURA

250g de brotos de feijão
2 cenouras cortadas em rodelas
1 pimentão verde cortado em tirinhas
1 pimentão amarelo cortado em tirinhas
1 pimentão vermelho cortado em tirinhas

MOLHO:
3 colheres (de sopa) de azeite
3 colheres (de sopa) de shoyu
2 colheres (de sopa) de vinagre de maçã
3 colheres (de sopa) de sementes de gergelim
Sal e pimenta-do-reino a gosto, misture todos os ingredientes

Em uma panela com água fervente, cozinhe as cenouras por 4 minutos, acrescente os brotos de feijão e os pimentões e quando a água voltar a ferver, cozinhe por mais 3 minutos. Apague o fogo, escorra a água, deixe esfriar e tempere com o molho.

SALADA DE BROTOS DE FEIJÃO COM PEPINOS

200g de brotos de feijão
1 pepino cortado em fatias bem finas
1 colher (de sopa) de gengibre ralado
1 colher (de sopa) de shoyu
2 colheres (de sopa) de vinagre de maçã
2 xícaras (de chá) de açúcar

Cozinhe os brotos de feijão por dois minutos em água e sal. Espere esfriar. Misture todos os ingredientes, sirva em seguida.

SALADA COLORIDA COM REQUEIJÃO E GERGELIM

1 pimentão vermelho
1 pimentão verde
1 pimentão amarelo
½ pé de alface-americana
½ pé de alface-crespa
8 folhas pequenas de repolho-roxo
1 colher (de sopa) de mostarda
250g de requeijão light (ver pág. 42)
50g de sementes de gergelim

Pique as verduras grosseiramente com as mãos. Pique os pimentões em tiras e corte o repolho bem fininho. Coloque tudo em uma saladeira. Tempere com sal, limão, azeite e um pouquinho de mostarda. Jogue por cima o requeijão e por último o gergelim. Sirva a seguir.

SALADA COM MOLHO DE OVO

3 cenouras
4 batatas
2 colheres (de sopa) de alcaparras
½ xícara (de chá) de picles picados
1 alho-poró (só a parte branca) cortado em rodelas finas e refogado levemente
12 azeitonas pretas
½ xícara (de chá) de champignons cortados ao meio
1 gema de ovo
1 limão
1 pote de iogurte natural desnatado
3 colheres (de sopa) de azeite
1 colher (de chá) de sal
Pimenta-do-reino a gosto

Cozinhe as batatas e as cenouras, deixe esfriar e corte em cubos.

MOLHO:

Em uma tigelinha, bata a gema com o sal, a pimenta-do-reino e o sumo de limão. Coloque em uma forma refratária os vegetais cozidos, o picles, os champignons, as alcaparras, as azeitonas e o alho-poró. Misture bem, despeje o molho e volte a misturar. Espalhe por cima o iogurte e o azeite. Deixe na geladeira até o momento de servir.

SALADA DA BETE

2 mangas (bem firmes) cortadas em cubos
1 cabeça de erva-doce sem as folhas, cortada bem fininha
1 colher rasa (de chá) de sal

1 copo de iogurte desnatado, natural, com mel

Em uma saladeira, coloque a manga e a erva-doce. Junte o iogurte e o sal. Misture delicadamente e leve à geladeira até o momento de servir.

SALADA DE ABOBRINHA CRUA

1 abobrinha
2 colheres (de sopa) de azeite
2 colheres (de sopa) de vinagre de maçã
1 colher (de sopa) de salsinha picada
1 colher (de sopa) de molho de pimenta
2 colheres (de chá) de sal

Use um descascador de legumes para cortar a abobrinha bem fininha. Misture os demais ingredientes e coloque em um recipiente de vidro ou louça. Mexa bem e guarde na geladeira até o dia seguinte.

SALADA DE ALCACHOFRAS ESPECIAL

5 fundos de alcachofras cozidas cortadas em fatias
4 xícaras (de chá) de palmitos cortados em rodelas
2 xícaras (de chá) de acelga picadas
2 pimentões vermelhos cortados em cubinhos
2 pimentões amarelos cortados em cubinhos
3 tomates bem vermelhos e durinhos, cortados em cubinhos
2 colheres (de sopa) de azeitonas pretas picadas
2 colheres (de sopa) de azeitonas verdes picadas
1 vidrinho de cogumelos pequenos
5 folhas de alface-roxa

Forre uma saladeira com folhas de alface-roxa. Misture os ingredientes e arranje-os por cima da alface. Cubra com papel alumínio e deixe na geladeira por 30 minutos. Sirva com um dos cremes de maionese de sua preferência (ver pág. 35/36).

SALADA DE ALFACE E ENDÍVIA

10 folhas de endívia (escarola-roxa)
½ pé de alface crespa
3 tomates sem sementes e cortados em cubos
6 ovos de codorna cozidos e sem a casca

Em uma tigela, arranje as folhas da endívia, as folhas de alface e os ovos de codorna. Regue com o molho e sirva em seguida.

MOLHO:
6 colheres (de sopa) de azeite
½ xícara (de chá) de folhas de rúcula ou agrião picados bem fino
2 colheres (de sopa) de vinagre de maçã
1 colher (de café) de sal
1 colher (de café) de pimenta-do-reino

Em uma tigela coloque o azeite, o vinagre, a mostarda, o sal e a pimenta. Bata bem com um garfo até que tome consistência. Acrescente a rúcula ou o agrião.

SALADA DE BRÓCOLIS COM MACARRÃO

- 1 xícara (de chá) de brócolis, use só as florzinhas aferventadas
- 2 tomates sem sementes picados
- 1 pimentão verde picado em cubos pequenos
- ½ xícara (de chá) de picles picados
- 2 xícaras (de chá) de macarrão Ave Maria cozido al dente
- 4 colheres (de sopa) de maionese light (ver pág. 35)
- ½ pote de iogurte natural desnatado
- ½ cebola ralada
- 8 azeitonas pretas sem caroço picadas
- Sal e pimenta-do-reino a gosto

Misture todos os ingredientes e leve à geladeira por uma hora antes de servir.

SALADA DE ESPINAFRE

- 1 maço de espinafre (só as folhas)
- 1 maçã ácida (verde) descascada e cortada em cubos
- 2 colheres (de sopa) de sumo de limão
- 4 colheres (de sopa) de azeite de oliva
- 50g de nozes picadas (ou castanha-do-pará picadas)
- 1 colher (de chá) de sal ou a gosto
- 50g de queijo ralado

Lave bem e escorra as folhas de espinafre e coloque em uma saladeira. Distribua as nozes sobre as folhas, misture a maçã, o suco de limão, o azeite, o sal e a pimenta. Jogue sobre as folhas e polvilhe o queijo ralado.

SALADA DE JILÓ

- ½ maço de agrião (só de folhas) ou rúcula
- 6 jilós
- 3 tomates firmes
- 2 colheres (de sopa) de vinagre
- 4 colheres (de sopa) de óleo de soja ou canola
- Salsa picadinha
- Queijo ralado
- Sal e pimenta-do-reino a gosto

Descasque os jilós e corte em rodelas bem finas; polvilhe com sal e frite. Acrescente mais óleo à medida que for preciso. Quando estiver crocante, retire o excesso de gordura em papel toalha. Na mesma panela, coloque os tomates cortados em rodelas. Coloque em fogo alto e vire rapidamente para que não desmanchem. Tempere com sal, pimenta e vinagre. Misture os tomates ainda mornos com os jilós. Numa travessa, arranje as folhas de agrião ou rúcula lavadas e secas, cubra com a mistura de jiló, polvilhe salsa picada e queijo ralado. Sirva como entrada.

SALADA DE LEGUMES COM BROTO DE FEIJÃO

- 1 xícara (de chá) de repolho cortado em tirinhas
- 1 xícara (de chá) de cenoura cortada em tirinhas

200g de brotos de feijão
100g de cogumelos em conserva
1 xícara (de chá) de vagem cortada em pedacinhos

MOLHO:
3 colheres (de sopa) de shoyu
2 colheres (de sopa) de vinagre de maçã
3 colheres (de sopa) de azeite
2 colheres (de sopa) de salsinha desidratada
Sal e pimenta-do-reino a gosto

Afervente o repolho até mudar de cor, passe para um escorredor, esprema para tirar toda a água. Afervente a cenoura e a vagem em panelas separadas, escorra bem toda a água. Reserve. Ferva o broto de feijão na água e sal por aproximadamente 4 minutos, passe para o escorredor e tire toda a água. Arrume os legumes e os cogumelos em uma saladeira forrada com folhas de alface. Cubra com o molho.

SALADA DE MANDIOCA COM SUCO DE MARACUJÁ

4 xícaras (de chá) de mandioca ralada
3 tomates cortados em cubos pequenos
1 cebola picada
4 colheres (de sopa) de azeite
2 colheres (de sopa) de salsinha
1 xícara (de chá) de polpa de maracujá com sementes
Sal a gosto

Deixe a mandioca de molho em água fria por uma hora, escorra e cozinhe até ficar *al dente*. Reserve. Depois de fria, acrescente o tomate, a cebola, a salsa, o azeite, o sal e a polpa de maracujá; mexa bem. Sirva gelado.

SALADA DE PEITO DE PERU COM ABACAXI

4 xícaras (de chá) de peito de peru defumado
1 lata de abacaxi em calda escorrido e cortado em cubos
15 grãos de uva itália cortada ao meio sem sementes
¾ de xícara (de chá) de nozes picadinhas
½ xícara (de chá) de maionese light (ver pág. 35)
½ xícara (de chá) de creme de leite light

Em uma travessa, misture o peito de peru, o abacaxi, as uvas e as nozes. Misture a maionese com o creme de leite e junte com os ingredientes restantes. Sirva com folhas de alface.

SALADA DE PIMENTÃO VERMELHO

6 pimentões vermelhos
2 cebolas
2 colheres (de chá) de sal
1 colher (de chá) de açúcar mascavo
Cheiro-verde picadinho
1 colher (de sopa) de vinagre de maçã
3 colheres (de sopa) de azeite
3 colheres (de sopa) de soja em conserva (ver pág. 35)

Corte os pimentões em tirinhas, misture uma colher de sal, deixe por uma hora e escorra a água. Reserve. Corte as cebolas em rodelas finas, misture o açúcar e deixe por meia hora. Escorra a água. Em uma saladeira, coloque os pimentões, a cebola, o cheiro-verde, o vinagre, o azeite, o sal, a pimenta e a soja; misture bem e sirva.

SALADA DE REPOLHO COM IOGURTE

MOLHO:
1 xícara (de chá) de iogurte desnatado
4 colheres (de sopa) de sumo de limão
1 colher (de chá) de sal
Pimenta-do-reino

SALADA:
4 xícaras (de chá) de repolho cortado em tiras bem finas
1 xícara (de chá) de salsão picado
1 maçã vermelha cortada em cubos
½ xícara (de chá) de uvas-passas brancas sem sementes

Forre uma saladeira com folhas de alface. Arranje por cima o salsão, a maçã, o repolho e as passas já bem misturados. À parte, faça o molho. Misture bem o iogurte, o limão, o sal e a pimenta. Regue a salada com este molho e sirva em seguida.

SALADA DE SOJA

1½ xícara (de chá) de soja em grão
1 limão
2 colheres (de sopa) de azeite
1 cebola picada
Salsa
Sal a gosto

Deixe a soja de molho na véspera, trocando a água duas ou três vezes.
Leve para cozinhar em bastante água. Depois de cozida, escorra a água e tempere com o suco do limão, o azeite, a cebola picada, o sal e salpique com a salsa. Sirva fria.

SALADA REFRESCANTE DE TOMATES COM HORTELÃ

1kg de tomates
3 colheres (de sopa) de vinagre de maçã
2 colheres (de sopa) de azeite
2 colheres (de sopa) de hortelã fresca e picada
1 colher (de sopa) de açúcar
Sal e pimenta-do-reino a gosto

Fatie os tomates. Adicione os outros ingredientes e enfeite com a hortelã. Cubra com papel alumínio e deixe na geladeira por uma hora antes de servir.

SALADA GELADA DE CENOURA COM PEPINO

4 cenouras grandes cortadas em rodelas, cozidas e frias
2 pepinos em fatias finas
3 talos de salsão cortados em cubos pequenos
1 cebola grande picada
1 pimentão verde picado
1 pimentão vermelho picado

MOLHO:
3 colheres (de sopa) de catchup
2 colheres (de sopa) de mostarda
4 colheres (de sopa) de vinagre de maçã
Sal a gosto

Em uma saladeira, misture a cenoura, o pepino, o salsão, a cebola e os pimentões.
Em uma tigelinha, misture bem o catchup, a mostarda, o vinagre e o sal. Dê uma leve batidinha e derrame este molho sobre os legumes. Misture bem e leve à geladeira por duas horas antes de servir.

SALADA NATURALISTA

1½ xícara (de chá) de arroz integral cozido (ver pág. 43)
2 colheres (de sopa) de cebola picada
3 colheres (de sopa) de cebolinha-verde picada
1 xícara (de chá) de queijo branco cortado em cubos
1 cenoura ralada grossa
1 colher (de sopa) de sumo de limão
1 lata de atum em água e sal
2 tomates picados
Sal e pimenta-do-reino a gosto

Em uma travessa, coloque o arroz cozido e frio. Acrescente os demais ingredientes, mexa bem e sirva com folhas de rúcula.

SALADA RÁPIDA

1 lata de atum escorrido
1 cebola grande cortada em rodelas
4 tomates pequenos cortados em rodelas

MOLHO:
4 colheres (de sopa) de maionese light (ver pág. 35)
2 colheres (de sopa) de suco de laranja
2 colheres (de sopa) de mostarda
5 azeitonas verdes sem caroços, cortados em rodelas
1 colher (de café) de sal

Em uma saladeira, disponha a cebola e o tomate em rodelas e espalhe pequenas porções de atum por cima. Prepare o molho misturando todos os ingredientes. Regue a salada com o molho ou, se preferir, sirva à parte.

SALADA TRÊS FEIJÕES

150g de feijão azuki
150g de feijão branco
150g de feijão fradinho
2 tomates cortados em cubos
2 xícaras (de chá) de vagem picada e cozida

Cozinhe os feijões separados (cada tipo de feijão tem um tempo de cozimento), até que fiquem macios sem desmanchar. Deixe em uma tigela junto com a vagem e os tomates.

MOLHO

1 colher (de chá) de açúcar mascavo
1 colher (de sobremesa) de mostarda
3 colheres (de sopa) de azeite
2 colheres (de sopa) de vinagre de maçã
1 colher (de sobremesa) de sal
1 colher (de chá) de pimenta-do-reino

Misture o vinagre com o açúcar e o sal. Bata com um garfo e vá juntando aos poucos o azeite, sem parar de bater. Acrescente a mostarda e bata mais um pouco. Tempere a salada com este molho.

SALADA VERDE COM AVELÃS E QUEIJO BRANCO

200g de queijo branco em cubos
80g de avelãs sem casca
2 fatias de abacaxi maduro, com 2 cm cada, cortadas em quadradinhos
10 uvas cortadas ao meio sem caroço
½ maço de rúcula
½ maço de alface-crespa
½ maço de alface-roxa
4 colheres (de sopa) de azeite
1 colher (de chá) de mostarda
1 colher (de sobremesa) de mel ou glicose
1 colher (de sopa) de vinagre de maçã
Sal a gosto e pimenta-do-reino

Coloque em uma tigela a mostarda, o mel, o sal, a pimenta e o vinagre de maçã. Adicione o azeite aos poucos, mexendo bem. Reserve. Corte as folhas com as mãos e arrume-as em uma travessa. Acrescente as avelãs, o abacaxi, o queijo e as uvas. Tempere a salada com o molho e sirva.

SALADA VERDE COM SHITAKE E BROTOS

12 folhas verdes variadas: alface-crespa-verde, crespa-roxa, alface-americana, rúcula, radicchio ou outras a seu gosto
3 colheres (de sopa) de brotos germinados: brotos de trevo, de trigo, de girassol, de lentilha, de alfafa ou outro
100g de cogumelos shitake
6 flores de capuccina
1 colher (de sopa) de vinagre balsâmico
3 colheres (de sopa) de azeite extra-virgem
Sal a gosto

Lave as alfaces e seque bem. Grelhe os cogumelos temperados com sal e azeite. Misture o azeite e o vinagre, tempere com sal. Na hora de servir, arrume as folhas, os brotos, os cogumelos, regue com vinagre balsâmico e coloque as flores por cima.

SALPICÃO

1 peito de frango cozido e desfiado
1 espiga de milho cozida
1 cenoura ralada na parte grossa do ralador
1 pimentão vermelho cortado em pedacinhos pequenos
1 maçã ácida cortada em cubos
Sal a gosto
4 batatas cozidas e picadas em cubos
4 colheres (de sopa) de maionese light (ver pág. 35)
4 colheres (de sopa) de creme de leite light

Em uma travessa, misture bem todos os ingredientes e leve à geladeira até o momento de servir.

TABULE

100g de trigo para quibe
2 tomates picados
2 pepinos cortados em cubos
1 cebola picada
1 pé de alface
2 colheres (de sopa) de hortelã picada
1 maço de cheiro-verde picado
3 colheres (de sopa) de azeite
3 colheres (de sopa) de sumo de limão
Sal e pimenta-do-reino a gosto

Em uma tigela, coloque o trigo. Cubra com água fervente e deixe descansar por 30 minutos, mexendo de vez em quando. Coe e esprema bem, para tirar toda a água. Misture os demais ingredientes. Forre uma saladeira com folhas de alface e despeje o tabule por cima.

TABULE DE FEIJÃO

1 xícara (de chá) de trigo para quibe
2 xícaras (de chá) de feijão branco cozido al dente
3 dentes de alho amassados
1 cebola ralada
½ xícara (de chá) de picles picadinho
5 colheres (de sopa) de azeite
2 colheres (de sopa) de sumo de limão
2 colheres (de sopa) de salsa e cebolinha picadas
Sal e pimenta-do-reino a gosto

Coloque o trigo de molho em 2 xícaras (de chá) de água e 1 colher (de sobremesa) de sal durante 1 hora. Escorra e misture ao feijão. Junte os demais ingredientes e mexa bem. Enfeite com folhas de hortelã.

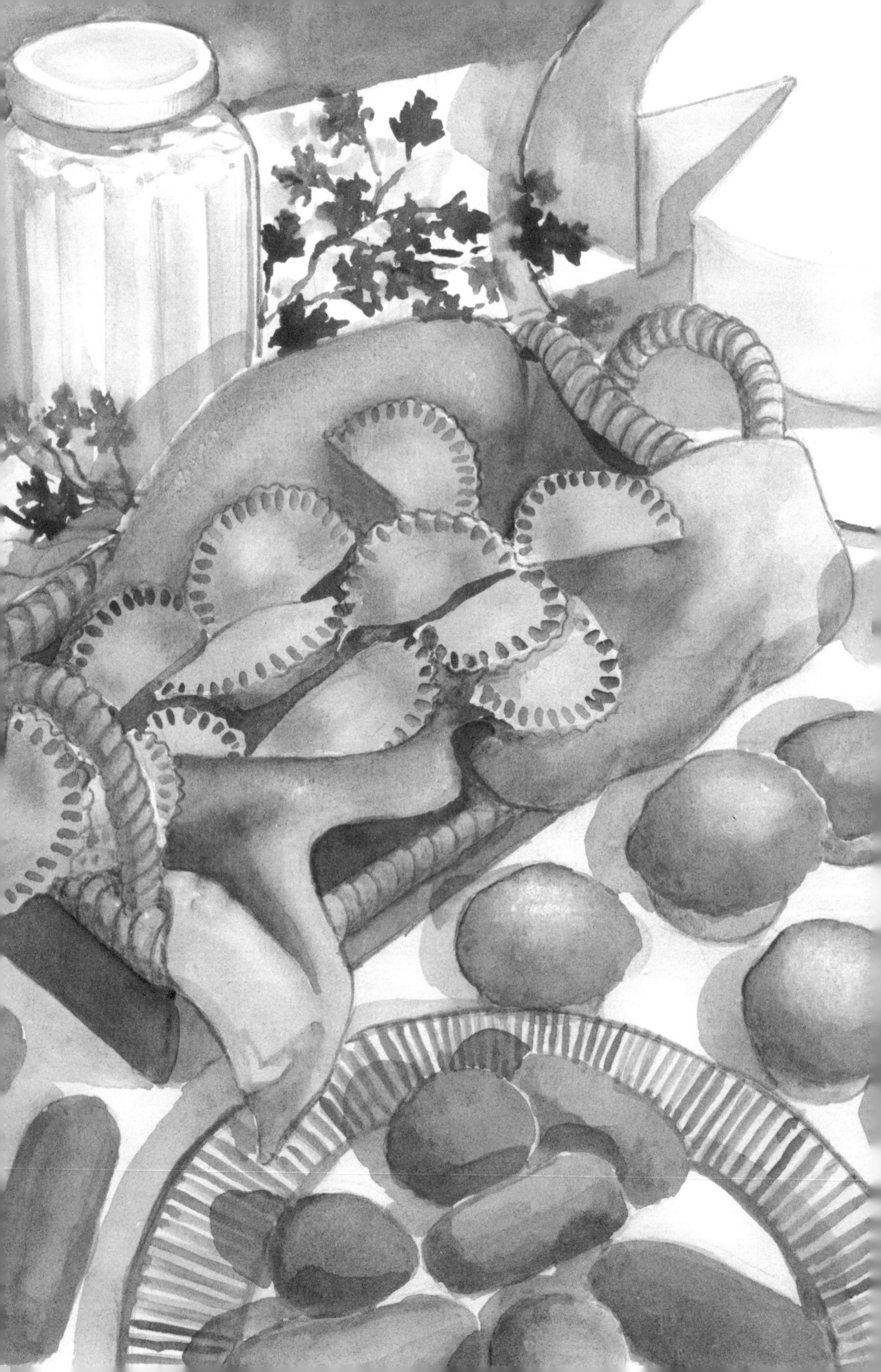

SALGADINHOS

MASSA BÁSICA PARA SALGADINHOS (I)

- 2 xícaras (de chá) de água
- 1 colher (de sopa) de sal
- 2 colheres (de sopa) de gordura vegetal
- 1 colher (de chá) de curry em pó
- 2 xícaras (de chá) de farinha de trigo integral
- 1¾ xícara (de chá) de farinha de trigo comum

Em uma panela, coloque a água, o sal, a gordura e o curry. Leve ao fogo, retire ao levantar fervura. Coloque as farinhas, mexa até encorpar e formar uma massa homogênea. Volte ao fogo, mexendo por 3 a 4 minutos, para que a massa fique cozida. Despeje sobre uma pedra e, antes que esfrie, sove bem, para a massa ficar bem leve. Modele os salgadinhos e recheie a seu gosto.
Pode ser usada para coxinhas, risoles, pastelzinho, bolinho de queijo etc.

MASSA BÁSICA PARA SALGADINHOS (II)

- 3 colheres (de sopa) de margarina light
- 1 cebola picadinha ou ralada
- 3½ xícaras (de chá) de leite desnatado
- 4 xícaras (de chá) de farinha de trigo
- ½ pacote de creme de queijo ou de cebola
- Sal a gosto
- 2 gemas

Em uma panela, coloque o leite, a margarina, a cebola picadinha e a sopa de creme de queijo ou cebola. Deixe até ferver, tire do fogo e acrescente a farinha de trigo de uma só vez; misture bem. Volte a panela ao fogo, mexendo sempre até a massa desgrudar do fundo, tire do fogo e coloque as gemas ligeiramente batidas. Sove bem a massa e utilize o recheio e formato de sua preferência.
Pode ser usado para coxinhas, risoles, pasteizinhos, bolinhos etc.

BOLINHAS DE QUEIJO

Escolha uma das massas básica para salgadinhos na página 145.

Corte queijo prato em cubinhos. Faça a bolinha, coloque o cubo de queijo sem deixar ar. Na hora de fritar use quantidade de óleo suficiente para cobrir o salgadinho para não estourar.

BOLINHOS DE MILHO

1 lata de milho com a água
1 copo de leite
2½ copos de farinha de trigo
2 ovos inteiros
3 colheres (de sopa) de margarina
1 cebola ralada

Bata os ingredientes no liquidificador, menos a farinha de trigo. Reserve. Em uma panela, coloque a margarina e a cebola ralada, deixe dourar. Acrescente a mistura do liquidificador. Tire do fogo e misture de uma só vez a farinha de trigo, mexa bem. Volte a panela ao fogo sem parar de mexer até a massa soltar do fundo. Deixe esfriar, faça bolinhas e umedeça cada uma delas ligeiramente com os dedos antes de passá-las na farinha de rosca. Frite em óleo quente.

CROQUETINHOS RÁPIDOS DE QUEIJO

5 claras em neve
300g de queijo prato ralado
2 xícaras (de chá) de amido de milho

Misture todos os ingredientes, faça bolinhas e frite em óleo de milho quente.

MASSA PARA EMPADAS

1 xícara (de chá) de farinha de trigo integral
1 xícara (de chá) de amido de milho
1 colher (de sopa) de extrato de soja
1 colher (de chá) de sal
1 colher (de chá) de açúcar
1 xícara (de chá) de margarina vegetal light
1 gema e 1 colher (de sopa) de shoyu para pincelar

Misture bem todos os ingredientes e amasse até obter uma massa macia e lisa. Deixe descansar por meia hora. Forre o fundo e as laterais de forminhas próprias para empadas. Recheie e tampe com a massa. Pincele com a gema batida com shoyu, e asse em forno médio até ficar levemente dourada. Use o recheio de sua preferência.

RECHEIO DE BRÓCOLIS COM RICOTA

200g de ricota amassada
½ copo de requeijão light
3 colheres (de sopa) de creme de leite light
1 xícara (de chá) de florzinhas de brócolis cozidas e picadas
Sal e pimenta-do-reino a gosto

Junte e mexa bem todos os ingredientes.

RECHEIO DE ESPINAFRE (I)

1 maço de espinafre (só as folhas) cozido e refogado no azeite, alho e sal
250g de ricota amassada
1 colher (de chá) de noz-moscada
4 colheres (de sopa) de queijo ralado
Prove o sal

Misture todos os ingredientes.

RECHEIO DE ESPINAFRE (II)

1 maço de espinafre (só as folhas)
2 colheres (de sopa) de azeite
1 cebola média picada
4 dentes de alho amassados
1 caixa de 200g de creme de leite light
2 colheres (de sopa) de suco de limão
Sal e pimenta-do-reino a gosto

Separe as folhas do espinafre, lave e escorra. Coloque, ainda molhadas, em uma panela, tampe e cozinhe em fogo médio, mexendo de vez em quando até ficarem macias (aproximadamente 5 minutos). Passe pelo espremedor de batatas para tirar o líquido. Pique e reserve. Em uma frigideira coloque o azeite, a cebola e o alho e deixe até dourar. Acrescente o espinafre reservado e o sal, misture bem e cozinhe por mais 2 minutos. Espere amornar e adicione o creme de leite e o suco de limão. Misture bem.

RECHEIO DE PALMITO

3 colheres (de sopa) de azeite
1 cebola picada
3 dentes de alho amassados
1 vidro de palmito picado com a água
2 tomates picados em cubos
2 colheres (de sopa) de salsinha e cebolinha picadas
2 colheres (de sopa) de extrato de soja
2 colheres (de sopa) de farinha de trigo
½ xícara de leite desnatado
Sal e pimenta a gosto

Doure a cebola e o alho no azeite, junte o palmito, o tomate e a água do palmito, deixe cozinhar por 10 minutos. Acrescente a salsinha, a cebolinha, a pimenta, o extrato de soja. Dissolva a farinha em meia xícara de leite desnatado. Junte ao refogado de palmito, mexa até engrossar, prove o sal.

Todo o recheio deve ser usado frio.

RECHEIO DE TOFU

2 colheres (de sopa) de azeite
1 cebola picada
3 dentes de alho amassados
5 azeitonas pretas sem caroços e picadinhas
1 xícara (de chá) de proteína de soja texturizada
2 colheres (de sopa) de shoyu
½ xícara (de chá) de leite
1 ovo
2 colheres (de sopa) de amido de milho
1 xícara (de chá) de tofu amassado ou ricota
Sal a gosto

Deixe a soja de molho por 30 minutos em água morna e sal. Escorra e reserve. Doure a cebola e o alho no azeite, acrescente a soja, azeitonas, o shoyu e a pimenta; mexa bem. Adicione o leite, o ovo, o amido de milho, o sal e o queijo, envolvendo tudo até que fique uma massa cremosa. Deixe esfriar e recheie. Indicado para empadas e esfirras.

RECHEIO PARA COXINHAS

1 peito de frango cozido com água e sal, desfiado
1 xícara (de chá) de proteína de soja texturizada
2 colheres (de sopa) de azeite
1 cebola picada
3 dentes de alho amassados
1 colher (de sopa) de farinha de trigo
1 colher (de café) de curry em pó
10 azeitonas verdes picadas
3 colheres (de sopa) de salsinha picada
2 tomates sem sementes picados em cubos

Deixe a soja de molho na água morna e sal durante 15 minutos antes de usar.

Doure a cebola e o alho no azeite, acrescente o frango desfiado, refogue por 5 minutos, colocando água, se necessário. Acrescente o tomate, a soja, as azeitonas picadas, o curry, a pimenta. Refogue por alguns minutos e coloque a salsinha picada. Prove o sal. Deixe esfriar antes de usar.

SOBREMESAS E DOCES

ABACAXI RENDOSO

1 abacaxi maduro grande picado em cubos

¾ de xícara (de chá) de adoçante (forno e fogão)

3 xícaras (de chá) de água

1 colher (de sopa) de ágar-ágar (gelatina vegetal)

Lave bem e descasque o abacaxi. Reserve a casca. Em uma panela coloque o abacaxi, o adoçante e a água. Ferva até o abacaxi ficar macio. Acrescente o ágar-ágar. Ferva por mais 5 minutos. Leve para a geladeira.

Com a casca, faça o docinho de casca de abacaxi (ver pág. 155) e o bombom (ver pág. 151).

Você pode fazer, também, um suco muito saboroso utilizando a água em que a casca foi cozida. Basta coar.

ABACAXI COM LARANJA

1 abacaxi em pedaços sem o miolo

1 xícara (de chá) de suco de laranjas

5 colheres (de sopa) de açúcar cristal

1 colher (de sopa) de raspas de laranja

1 colher (de café) de canela em pó

Coloque o abacaxi em uma forma refratária pequena untada com margarina. Em uma tigela, misture os ingredientes restantes e despeje sobre o abacaxi. Leve ao forno preaquecido por 20 minutos. Sirva quente com a própria calda.

AMEIXA RECHEADA

1 receita de leite condensado light (ver pág. 158)
1 colher (de sopa) de margarina light
100g de coco ralado
1 xícara (de chá) de leite desnatado morno
2 colheres (de sopa) de amido de milho
250g de ameixas pretas secas
Açúcar cristal
Forminhas de papel

Deixe as ameixas de molho por 15 minutos. Reidrate o coco ralado com o leite morno, acrescente a margarina, o leite condensado e o amido de milho; leve ao fogo baixo até desprender do fundo da panela. Tire do fogo e deixe esfriar. Escorra a água das ameixas, retire os caroços. Recheie as ameixas, uma a uma, com o doce de coco. Passe pelo açúcar cristal e arrume nas forminhas.

BALA DE ALGA

350ml de água filtrada
1 xícara (de chá) de açúcar cristal
1 colher (de sopa) de ágar-ágar
1 colher (de sopa) de xarope de glicose
1 colher (de sopa) de aroma (a seu gosto) morango, baunilha, abacaxi etc.
Corante a gosto

Em uma panela grande, leve ao fogo baixo a água, o açúcar, o ágar-ágar, o xarope de glicose. Cozinhe até atingir o ponto de lágrima (calda rala). Retire do fogo e adicione o aroma e o corante, leve imediatamente nas formas de bombons, quando estiverem firmes, retire das formas e passe no açúcar cristal.

BEIJINHOS

1 receita de leite condensado light (ver pág. 158)
½ xícara (de chá) de leite desnatado
100g de coco ralado
1 colher (de sopa) de margarina light sem sal
2 gemas
2 colheres (de sopa) de farinha de trigo
½ xícara (de chá) de soja granulada
¾ de xícara (de chá) de água quente
Cravo e açúcar cristal

Coloque a soja para hidratar na água quente. Junte os demais ingredientes, leve ao fogo baixo mexendo sempre até desprender do fundo da panela. Tire do fogo e deixe esfriar. Faça bolinhas, passe no açúcar cristal e arrume em forminhas de papel. Enfeite com um cravo (opcional).

BEIJINHOS LIGHT

100g de coco ralado desidratado
1 xícara (de chá) de água fervente
2 xícaras (de chá) de leite desnatado em pó
2 colheres (de sopa) de margarina light
4 colheres (de sopa) de adoçante em pó para culinária
Coco ralado para passar os beijinhos

Reidrate o coco em ½ xícara (de chá) de água. Deixe descansar durante cinco minutos. Bata no liquidificador a água fervente, o leite em pó, a margarina e o adoçante por 6 minutos. Despeje em uma panela, e acrescente o coco ralado reidratado, leve ao fogo baixo mexendo até engrossar. Coloque em um prato untado para esfriar. Com as mãos untadas faça bolinhas, passe pelo coco ralado e coloque em forminhas de papel.

BOMBOCADO

4 ovos
4 colheres (de sopa) de queijo ralado
2 colheres (de sopa) de margarina vegetal culinária
3 copos de açúcar cristal
2 copos de leite desnatado
150g de creme de leite
1 copo de farinha de trigo
½ copo de requeijão light
50g de coco ralado

Bata todos os ingredientes no liquidificador, menos o coco ralado. Coloque em uma tigela e misture o coco, sem bater. Despeje em uma assadeira redonda média, untada e/ou caramelizada, asse em forno quente.

BOMBOM DE CASCA DE ABACAXI

Use a mesma receita da massa do *Docinho de casca de abacaxi.* (ver pág. 156). Faça as bolinhas, e banhe no chocolate derretido. Espere até o chocolate secar e embrulhe em papel próprio para bombom.

BOMBOCADO DE LARANJA COM AVEIA

1 xícara (de chá) de suco de laranjas
1 xícara (de chá) de aveia em flocos
1 xícara (de chá) de açúcar
½ xícara (de chá) de fubá
2 ovos
1 colher (de sopa) de margarina light
1 colher (de sopa) de farinha de trigo
½ colher (de sopa) de fermento em pó

Bata no liquidificador o suco de laranja, a aveia, o açúcar, o fubá e os ovos, em seguida os demais ingredientes. Coloque a massa em forminhas de papel nº 3. Arrume as forminhas em uma assadeira e leve ao forno preaquecido (170ºC) por aproximadamente 30 minutos. Você também pode usar uma forma redonda com buraco para assá-lo.

BOMBOCADO DE MANDIOCA

4 xícaras de chá de açúcar
4 xícaras de mandioca crua ralada
100g de queijo meia cura ralado
3 colheres (de sopa) de margarina light
6 colheres (de sopa) óleo de milho
4 ovos inteiros
1 vidro de leite de coco light

Misture todos os ingredientes. Coloque para assar em assadeira nº 2 untada e polvilhada com farinha e açúcar em forno médio por 35 minutos.

BRIGADEIRO DE SOJA

1 colher (de sopa) de margarina
2 colheres (de sopa) de cacau em pó
1 receita de leite condensado de soja (ver pág. 158)
1 xícara (de chá) de chocolate granulado
Forminhas de papel de alumínio

Em uma panela, coloque o leite condensado de soja, junte a margarina e o cacau, deixe cozinhar em fogo baixo, mexendo sempre, até o ponto de brigadeiro (aproximadamente 10 minutos). Quando esfriar, faça bolinhas e passe no chocolate granulado, ou banhe com chocolate em barra derretido. Arrume em forminhas de alumínio.

BRIGADEIRO LIGHT

1 xícara (de chá) de água fervente
2 xícaras (de chá) de leite em pó desnatado
2 colheres (de sopa) de margarina vegetal light
2 colheres (de sopa) de adoçante em pó (forno e fogão)
4 colheres (de sopa) de chocolate em pó
1 pacote pequeno de chocolate granulado

Bata a água, o leite em pó, a margarina, o adoçante e o chocolate em pó por 5 minutos no liquidificador. Despeje em uma panela e leve ao fogo baixo, mexendo até engrossar. Coloque em um prato untado para esfriar. Pegue porções da massa, com as mãos untadas, e faça bolinhas, passe pelo chocolate granulado e coloque em forminhas de papel.

CAJUZINHO

400g de amendoim torrado e moído

1 receita de leite condensado de soja (ver pág. 158)

6 colheres (de sopa) de açúcar mascavo

2 colheres (de sopa) de margarina light

3 colheres (de sopa) de farinha de rosca

1 colher (de sopa) de cacau em pó

2 colheres (de sopa) de extrato de soja

1 gema

½ xícara (de chá) de leite desnatado

Em uma panela, coloque todos os ingredientes, misture bem, leve ao fogo baixo, mexa sem parar até desgrudar do fundo da panela. Tire do fogo, deixe esfriar, modele os cajuzinhos, passe pelo açúcar, enfeite com um amendoim inteiro e arrume nas forminhas.

COCADA NA ABÓBORA

½ abóbora japonesa

1 xícara (de chá) de água

1½ xícara (de chá) de açúcar

1½ xícara (de chá) de coco fresco ralado

1 colher (de sopa) de manteiga

Lave bem a abóbora. Tire todas as sementes e leve ao forno de micro-ondas com a parte cortada para baixo por aproximadamente 15 minutos na potência alta. Em uma panela leve ao fogo a água e o açúcar, deixe ferver até formar uma calda em ponto de fio. Coloque o coco e a manteiga, misture bem e deixe no fogo até formar uma cocada com um pouco de calda. Despeje dentro da abóbora cozida ainda quente.

CREME DE AMÊNDOAS OU DE CASTANHAS--DE-CAJU PARA RECHEIOS E COBERTURAS

1 xícara (de chá) de amêndoas tostadas sem pele ou

1 xícara (de chá) de castanhas-de--caju tostadas

1½ xícara (de chá) de água

3 colheres (de sopa) de mel ou glicose

1 pitada de sal

Bata todos os ingredientes no liquidificador. Dependendo do uso que você fará do creme (cobertura de bolos, pudins, sorvetes, recheios de tortas e bombons, ou para passar no pão), acrescente água, aos poucos, para obter um creme com a consistência desejada, mais ou menos espesso.

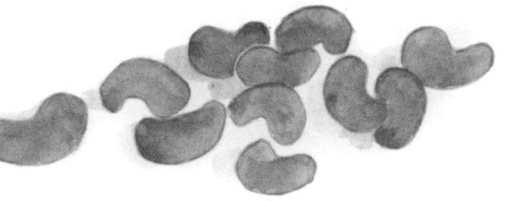

CREME DE CHANTILLY LIGHT

1 xícara (de chá) de leite de soja em pó
½ xícara (de chá) de água fervendo
2 colheres (de sopa) de mel ou glicose
1 colher (de sobremesa) de suco de limão

Coloque o leite de soja em pó na água fervendo, mexa e imediatamente leve ao liquidificador. Acrescente os outros ingredientes e bata durante seis minutos ou até encorpar. Coloque em uma travessa e leve para gelar. Sirva com morangos, sorvetes, pudins, frutas ou como coberturas e recheio para bolos.

CROSTATA DE MAÇÃ

330g de farinha de trigo
150g de manteiga
120g de açúcar
3 gemas
1 xícara (de chá) de geleia de damasco
8 maçãs

Misture a farinha com a manteiga, as gemas e o açúcar. Amasse até conseguir uma massa homogênea. Abra a massa e corte dois discos. Coloque um disco em uma forma de torta forrada com papel-alumínio. Espalhe a geleia por cima. Coloque as maçãs cortadas em fatias finas e cubra com o outro disco de massa. Aperte com os dedos as bordas da massa e leve ao forno quente preaquecido.

CURAU LIGHT

4 espigas de milho cruas
3 xícaras (de chá) de leite desnatado
5 colheres (de sopa) de adoçante para forno e fogão
1 colher (de sopa) de ágar-ágar
Canela em pó para polvilhar

Corte os grãos do milho rentes ao sabugo e coloque no liquidificador com o leite. Bata bem e passe por uma peneira. Coloque em uma panela, adicione o adoçante e o ágar-ágar e leve ao fogo por cerca de 10 minutos, mexendo sempre. Coloque em um refratário e polvilhe a canela em pó. Leve a geladeira para firmar. Sirva frio.

DOCE DE CAJU DA MARIQUINHA

1 lata de leite condensado light
A mesma medida de suco de caju concentrado
2 colheres (de sopa) de suco de limão

Bata todos os ingredientes no liquidificador, coloque em uma fôrma pequena para pudim untada e leve ao congelador. Sirva gelado.

DOCE GELADO DE UVA

2½ xícaras (de chá) de suco de uva concentrado
8 colheres (de sopa) de açúcar mascavo
5 colheres (de sopa) de farinha de trigo
½ colher (de sopa) de margarina light

Em uma panela, coloque o suco de uva, o açúcar e a farinha de trigo dissolvida. Leve ao fogo, mexendo sempre até desgrudar do fundo da panela. Tire do fogo e coloque em um forma refratária untada com margarina. Leve à geladeira por 2 horas. Corte em pedaços pequenos e polvilhe açúcar.

DOCINHOS DE ABÓBORA

600g de abóbora em cubos
1 xícara (de chá) de água
3 colheres (de sopa) de adoçante em pó (forno e fogão)
1 colher (de café) de canela em pó
1 colher (de café) de cravo em pó
2 colheres (de sopa) de farinha de trigo
½ colher (de sopa) rasa de ágar-ágar
Açúcar cristal para passar nos docinhos

Em uma panela, coloque a abóbora e cubra com água, cozinhe até desmanchar. Escorra a água que sobrar. Misture com o adoçante, o cravo, a canela, a farinha de trigo, o ágar-ágar e leve ao fogo até soltar da panela (aproximadamente 8 minutos) e, em seguida, tire do fogo. Passe para um prato untado, espere esfriar, faça bolinhas, passe pelo açúcar cristal, enfeite cada docinho com um cravo e coloque em forminhas de papel.

DOCINHOS DE AMÊNDOAS

25 amêndoas moídas
2 claras
2 xícaras (de chá) de leite em pó desnatado
4 colheres (de sopa) de adoçante em pó (forno e fogão)
2 colheres (de café) de essência de amêndoas
3 colheres (de sopa) de uva-passa sem caroço

Misture as amêndoas, as claras, o leite em pó, o adoçante e a essência de amêndoa até obter uma massa maleável. Faça bolinhas e enfeite com uva-passa. Coloque em forminhas.

DOCINHO DE CASCA DE ABACAXI

Casca de 1 abacaxi picada
1 pacote (100g) de coco ralado
1 xícara (de chá) de proteína de soja texturizada
1 colher (de sopa) de margarina vegetal
1 xícara (de chá) de açúcar light (forno e fogão)

Hidrate a proteína de soja com uma xícara de chá de água morna. Reserve. Antes de descascar o abacaxi, lave-o bem. Com a ajuda de um descascador de legumes ou mesmo uma faca, tire o excesso dos espinhos da casca.

Cozinhe as cascas em uma panela de pressão, cobrindo-as com água e meia xícara de chá de açúcar. Deixe cozinhar por 15 minutos. Tire do fogo e coe. Reserve a água para o suco (ver pág. 149). Deixe as cascas esfriarem e bata no liquidificador, até moer por igual e passe, por uma peneira grossa. Em uma panela, coloque as cascas batidas, o açúcar, a margarina, o coco e a proteína de soja. Deixe ferver mexendo sempre até desgrudar do fundo da panela. Tire do fogo, espere esfriar, enrole bolinhas, passe no açúcar cristal, arrume em forminhas de papel.

DOCINHOS DE COCO

2 xícaras (de café) de proteína texturizada de soja
100g de coco ralado light
1 lata de leite condensado light
1 colher (de sopa) de margarina light
¾ de xícara (de chá) de água fervente

Coloque em uma tigela o coco e a proteína de soja com água fervente, deixe hidratar por 30 minutos. Em uma panela, coloque o leite condensado, a margarina e a proteína de soja com coco. Leve ao fogo baixo sem parar de mexer até desprender do fundo da panela. Tire do fogo e deixe esfriar, faça bolinhas e passe no coco ralado seco. Arrume em forminhas de papel.

DOCINHOS DE FRUTAS SECAS

250g de peras secas
20 tâmaras secas sem caroço
2 xícaras (de chá) de água
1 xícara (de chá) de suco de maçã
3 colheres (de sopa) de mel ou xarope de glicose
2 colheres (de sopa) de adoçante em pó (forno e fogão)
3 colheres (de sopa) de farinha de trigo
Sementes de gergelim

Em uma panela, junte as peras e as tâmaras bem picadas, cubra com as duas xícaras de água. Deixe de molho por 2 horas, acrescente o suco de maçã, o mel, e a farinha de trigo. Leve ao fogo por 18 a 20 minutos mexendo sempre até que fique bem encorpado. Coloque em um prato untado e deixe esfriar; leve à geladeira por aproximadamente uma hora para que fique firme. Faça bolinhas e passe pelo gergelim. Coloque em forminhas de papel.

DOCINHOS DE MAÇÃ

8 maçãs raladas no ralo grosso com a casca
½ colher (de sopa) rasa de ágar-ágar (gelatina natural)
2 colheres (de sopa) de farinha de trigo
6 colheres (de sopa) de açúcar cristal

Em uma panela, misture a maçã, o ágar-ágar, a farinha de trigo e leve ao fogo por aproximadamente 12 minutos ou até engrossar. Retire do fogo, passe para um prato untado, espere esfriar e leve à geladeira para firmar. Com as mãos untadas, faça bolinhas, passe pelo açúcar cristal e coloque em forminhas de papel.

FALSO PUDIM DE LEITE CONDENSADO DA NELY

3 colheres (de sopa) de açúcar light (forno e fogão)
5 ovos
2 copos de leite desnatado
10 bolachas maisena ou maria

Bata todos os ingredientes no liquidificador. Assar em banho-maria em forma para pudim, caramelada. Você pode usar glicose para caramelar.

FRITADAS DE MAÇÃ

4 maçãs
1 pera
3 colheres (de sopa) de farinha de trigo
½ xícara (de chá) de leite desnatado
2 ovos batidos
4 colheres (de sopa) de açúcar
2 colheres (de chá) de casca de limão ralada
1 pitada de sal
2 colheres (de sopa) de óleo

Descasque as maçãs e a pera e corte em fatias. Reserve. Despeje o leite, aos poucos, sobre a farinha. Misture bem. Acrescente os ovos, o açúcar, a casca de limão e uma pitada de sal. Coloque as frutas fatiadas nesta mistura. Em uma frigideira, aqueça o óleo. Ponha a mistura na frigideira e frite ambos os lados em fogo baixo. Coloque a fritada em uma travessa e pulverize com açúcar e canela.

LEITE CONDENSADO DE SOJA

1 xícara (de chá) de extrato de soja
½ xícara (de chá) de água
2 colheres (de sopa) de açúcar magro (Forno e Fogão) equivalem a 6 colheres (de sopa) de açúcar comum

Bata os ingredientes no liquidificador por 4 minutos. Se necessário, acrescente duas colheres (de sopa) de água.

LEITE CONDENSADO LIGHT

1 xícara (de chá) de leite em pó desnatado
1 xícara (de chá) de açúcar cristal
½ xícara (de chá) de água fervente
3 colheres (de sopa) de manteiga light

Bata todos os ingredientes no liquidificador por aproximadamente 5 minutos.

MAMÃO AO FORNO COM QUEIJO COTTAGE

1 mamão-papaia médio cortado comprido sem sementes
80g de queijo cottage
3 fatias de abacaxi picadas
50g de passas brancas sem sementes
1 colher (de sobremesa) de margarina light
2 colheres (de sopa) de coco ralado
1 colher (de sopa) de açúcar light forno e fogão
1 colher (de café) de canela em pó

Preaqueça o forno em temperatura média. Em uma tigela junte o queijo cottage, as passas, o abacaxi. Encha cada metade do mamão com essa mistura. À parte, derreta a margarina e misture com o açúcar e o coco ralado e a canela em pó. Espalhe por cima de cada mamão. Coloque em uma forma refratária e leve ao forno por 25 minutos. Sirva morno.

PÃO DE MEL LIGHT

2 colheres (de sopa) de margarina light
4 claras em neve
1½ xícara (de chá) de aveia flocos finos
¾ de xícara (de chá) de leite desnatado
1 xícara (de chá) de farinha de trigo
½ xícara (de chá) de mel ou glicose
2 colheres (de sopa) de açúcar light
1 pitada de cada: noz-moscada ralada, cravo em pó, canela em pó
1 colher (de chá) de bicarbonato de sódio
1 colher (de chá) de fermento em pó
Cobertura-chocolate em barra

Bata na batedeira a margarina, o mel, o leite, a farinha de trigo, a aveia e as especiarias. Bata bem e retire. Adicione o bicarbonato, o fermento em pó e as claras batidas em ponto de neve. Mexa levemente. Coloque em uma assadeira média com margarina. Asse em forno médio, preaquecido por cerca de 30 minutos. Tire do forno, deixe esfriar. Derreta o chocolate em banho-maria, coloque sobre o bolo com uma espátula. Depois de seco, corte em quadrados.

PUDIM DE EXTRATO DE SOJA

2 xícaras (de chá) de extrato de soja
9 colheres (de sopa) de açúcar mascavo
3 colheres (de sopa) de maisena
3 ovos
1 colher (de sopa) de raspas de limão

Bata no liquidificador todos os ingredientes. Coloque a mistura em uma forma para pudim caramelada. Asse em banho-maria por 45 minutos, desenforme depois de frio.

PUDIM DE GOIABA

4 unidades de goiaba vermelha picada
2½ xícaras (de chá) de água
1½ xícara (de chá) de leite desnatado
6 colheres (de sopa) de amido de milho
2 xícaras (de chá) de açúcar cristal

Bata as goiabas picadas no liquidificador com a água e passe por uma peneira. Junte os demais ingredientes e bata novamente. Leve ao fogo mexendo sempre, até engrossar. Despeje em uma forma para pudim umedecida e leve à geladeira para tomar consistência de pudim.

PUDIM DE RICOTA

500g de ricota
2 colheres (de sopa) de farinha de trigo
3 ovos
1½ xícara (de chá) de açúcar cristal
100g de frutas cristalizadas
¼ xícara (de chá) de vinho branco
1 pitada de sal
2 colheres (de chá) de casca de limão ralada

Em uma tigela coloque a ricota passada por uma peneira, acrescente a farinha, as gemas, as frutas cristalizadas, o açúcar, o vinho, o sal e a casca do limão. Misture tudo e junte as claras batidas em neve. Misture levemente. Unte uma forma para pudim e coloque a massa. Leve para assar em forno preaquecido. Desenforme em um prato polvilhado de açúcar cristal, salpique canela por cima. Sirva morno.

QUINDIM DE MARACUJÁ

CALDA:
- 1 xícara (de chá) de água
- 2 xícaras (de chá) de açúcar
- 1 xícara (de chá) de suco de maracujá natural

Coloque para ferver a água e o açúcar. Quando estiver em ponto de fio, acrescente 1 xícara (de chá) de suco de maracujá natural. Deixe esfriar. Reserve.

QUINDIM:
- 4 ovos
- 3 colheres (de sopa) de margarina light
- 4 colheres (de sopa) de maisena
- 100g de coco ralado

Bata os ingredientes no liquidificador. Junte a calda e bata um pouco só para misturar. Acrescente o coco ralado, mexendo suavemente. Coloque em uma forma para pudim untada com manteiga e polvilhada com açúcar. Asse em banho-maria em forno quente.

SORVETE DE CAPIM-CIDREIRA

- 1 xícara (de chá) de água
- ½ xícara (de chá) de folhas de capim cidreira picadinhas
- 1 lata de creme de leite desnatado
- 1 lata de leite condensado light

Ferva o capim-cidreira na água. Retire do fogo, coe e reserve. Misture o leite condensado e o creme de leite. Acrescente o chá frio e mexa levemente. Leve ao congelador em um recipiente plástico, por aproximadamente 5 horas. Bata a massa do sorvete pelo menos duas vezes durante o congelamento para evitar a formação de cristais de gelo. Sirva com cerejas em calda.

SORVETE DE CASCA DE MANGA

- 3 xícaras (de chá) de casca de manga picada
- 1 xícara (de chá) de água
- 2 xícaras (de chá) de açúcar cristal
- 3 gemas de ovo
- 2 xícaras (de chá) de leite desnatado
- 1 pacotinho de creme de leite light
- Essência de manga a gosto (opcional)

Cozinhe as cascas na água com o açúcar. Junte os demais ingredientes, exceto o creme de leite. Bata-os no liquidificador e leve ao fogo para cozinhar. Tire do fogo, acrescente o creme de leite e leve ao freezer por aproximadamente 8 horas.

SUFLÊ DE PERA

- 6 peras
- 1 xícara (de chá) de água
- 3 colheres (de sopa) de adoçante (forno e fogão)
- 2½ colheres (de sopa) de amido de milho
- 4 claras em neve
- Canela em pó

Descasque as peras e corte-as

em cubos. Em uma panela, coloque a água, junte as peras, o adoçante, a canela e o amido de milho. Leve ao fogo baixo por 10 minutos, ou até engrossar. Retire, espere amornar, bata no liquidificador. Bata as claras em neve firme e misture com o creme das peras. Coloque em uma forma de suflê média, untada com margarina e polvilhe com canela. Leve ao forno médio, até ficar dourado. Sirva ainda morno.

SUSPIRO COM PERAS

4 claras
1½ xícara (de chá) de açúcar
6 peras
1 xícara (de chá) de vinho branco

Coloque as peras, descascadas em fatias, em uma panela com o vinho e 2 colheres (de sopa) de açúcar. Leve ao fogo para cozinhar até ficarem macias e formar uma calda. Bata as claras em neve, adicione gradualmente o açúcar restante. Bata bem. Coloque o doce de pera em um refratário e cubra com colheradas de suspiro. Leve ao forno preaquecido até dourar.

TORTA CREMOSA DE MELANCIA

MASSA:
1 pacote de bolachas maisena
3 colheres (de sopa) de margarina
Margarina para untar

CREME:
4 xícaras (de chá) de suco de melancia
4 colheres (sopa) de maisena
8 colheres (de sopa) de açúcar cristal
1 pacotinho de creme de leite light

CALDA:
1 xícara (de chá) de suco de melancia
1 xícara (de chá) de açúcar

Bata no liquidificador o pacote de bolachas maisena. Coloque em um recipiente e junte a margarina, misture delicadamente. Unte uma forma de fundo falso e forre com a massa. Reserve. Faça o creme misturando o suco de melancia, a maisena e o açúcar. Leve ao fogo e mexa até engrossar. Retire do fogo e junte o creme de leite. Deixe esfriar. Para fazer a calda, leve ao fogo o suco de melancia e o açúcar até formar uma calda fina. Coloque o creme na forma forrada com a massa. Leve à geladeira por 3 horas. Desenforme e regue com a calda fria. Sirva gelado.

TORTA COM RECHEIO DE ARROZ

MASSA:

- 300g de farinha de trigo
- 100g de açúcar
- 130g de margarina para culinária light

Misture todos os ingredientes e faça uma massa lisa. Deixe descansar por 30 minutos e abra. Forre uma forma com a massa, coloque o recheio. Decore com pedaços de massa restante e asse em forno moderado preaquecido.

RECHEIO:

- 100g de arroz
- 100g de açúcar cristal
- 2 xícaras (de chá) de leite desnatado
- 2 ovos
- 100g de chocolate em pó
- 50g de passas sem sementes
- 50g de frutas cristalizadas picadas
- 1 pitada de sal
- 1 colher (de chá) de baunilha

Cozinhe o arroz com o açúcar e o leite. Deixe esfriar, junte os ovos, o chocolate, as passas, as frutas cristalizadas, o sal, e a baunilha, misture bem e recheie a torta.

TORTA DE BANANA

- 1 xícara (de chá) de farinha de trigo integral
- 1 xícara (de chá) de açúcar mascavo
- 14 bananas maduras
- 2 xícaras (de chá) de farinha de trigo
- 4 ovos
- 1 colher (de sopa) de fermento em pó
- 150g de margarina light

Misture o açúcar, as farinhas, o fermento. Junte a margarina e prepare uma farofa, esfregando os ingredientes com as mãos. Unte uma assadeira com margarina e polvilhe com farinha de trigo. Coloque metade da farofa e cubra com as bananas cortadas em três (no sentido de comprimento). Cubra com o restante da farofa sem apertar. Bata os ovos inteiros, como omelete, e derrame sobre a última camada. Polvilhe a canela em pó e leve ao forno em temperatura média por cerca de 30 minutos.

TORTA DE BANANA COM PÃO

- 5 bananas-nanicas
- 4 colheres (de sopa) de açúcar mascavo
- 2 xícaras (de chá) de leite
- 5 pãezinhos amanhecidos cortados em fatias
- 2 ovos
- Canela a gosto

Cubra o fundo de uma assadeira untada com metade das fatias de pão, molhados com uma xícara de leite. Coloque por cima as bananas cortadas em fatias e cubra-as com metade do açúcar e da canela. Coloque por cima das bananas mais uma camada de fatias de pão. Umedeça com o restante do leite. Acrescente os ovos batidos e polvilhe com o açúcar e a canela. Leve ao forno por 25 minutos.

TORTA DE CENOURAS

400g de cenouras cruas raladas
200g de amêndoas moídas
3 colheres (de sopa) de farinha de trigo
5 colheres (de sopa) de açúcar cristal
3 ovos
½ colher (de sopa) de fermento em pó

Em uma tigela, bata os ovos com o açúcar cristal, acrescente a farinha e o fermento. Junte as cenouras e as amêndoas, misture bem e coloque em uma forma pequena untada e polvilhada com farinha e açúcar. Leve para assar em forno preaquecido por 35 minutos.

TORTA DE FRUTAS COM CREME DA ROSA

MASSA:
120g de manteiga sem sal
200g de açúcar
2 ovos
250g de farinha de trigo
1 colher (de sopa) de fermento em pó
1 xícara (de chá) de leite desnatado
Margarina para untar

CARAMELO:
300g de açúcar
1 xícara (de chá) de água

FRUTAS:
2 mamões papaia maduros e descascados
6 bananas-nanicas descascadas
Polpa de 1 maracujá, misturado com ¼ de xícara (de chá) de água

Em uma panela, faça um caramelo com o açúcar e água e forre o fundo de uma forma redonda de 25cm untada.

Preaqueça o forno, corte os mamões e as bananas em fatias, cubra a forma (já com o caramelo) decorando com as fatias dos mamões e as fatias de bananas até cobrir todo o fundo. Regue com a polpa de maracujá misturada com a água e leve ao forno até a fruta ficar cozida e a calda grossa. Retire do forno e, com auxílio de um garfo, unte as laterais da forma com margarina. Despeje com cuidado a massa sobre as frutas. Leve novamente ao forno por 25 minutos.

Tire do forno e desenforme ainda quente para que a calda penetre na massa, deixando a decoração das frutas na parte de cima da torta.

TORTA DE RICOTA DA CECÍLIA

4 ovos inteiros
1 lata de leite condensado light
A mesma medida de leite desnatado
500g de ricota

CREME:
1 xícara (de chá) de groselha
1 xícara (de chá) de água
1 colher (de sopa) de maisena

Bata todos os ingredientes da torta no liquidificador, coloque em uma assadeira pequena untada com manteiga (*se for micro-ondas, usar uma forma refratária*). Assar em forno convencional por aproximadamente 25 minutos, em forno micro-ondas de 10 a 12 minutos na potência alta.

Em uma panela, coloque os ingredientes do creme, leve ao fogo mexendo sempre para não empelotar. Coloque sobre a torta assada ainda quente. Sirva gelado.

SOPAS E CALDOS

CALDO COM BOLINHAS DE ESPINAFRE

- 1 maço de espinafre sem os talos, cozidos e picados
- 2 colheres (de sopa) de margarina light
- Sal e pimenta a gosto
- 1 colher (de café) de noz-moscada
- 2 colheres (de sopa) de farinha de trigo
- 2 colheres (de sopa) de farinha de rosca
- 4 colheres (de sopa) de queijo ralado
- 2 ovos
- 1½ litro de caldo
- ½ kg de asas de frango

Em uma panela, coloque a manteiga e o espinafre e frite um pouco. Junte o sal, a pimenta, a noz-moscada, a farinha de rosca, a farinha de trigo e o queijo. Misture bem até conseguir uma massa. Retire do fogo e junte os ovos. Leve o caldo para ferver e vá colocando as colheradas da massa, formando bolinhas. Cozinhe em fogo alto por 12 minutos. Sirva bem quente, acompanhado com torradas.

CALDO:

Em uma panela, doure 3 dentes de alho amassados, 1 cebola cortada em rodelas finas, ½ quilo de asas de frango, sal a gosto. Acrescente 2 litros de água fervente e cozinhe por meia hora. Retire as asas de frango. O caldo está pronto.

CALDO DE ESPINAFRE

2 colheres (de sopa) de azeite
1 cebola picada
3 dentes de alho amassados
1 xícara (de chá) de talos de espinafre (escolha os mais novos) cortados bem pequenos
2 xícaras (de chá) de folhas de espinafre
1½ litro de água fervente
2 ovos
1 pacote de sopa de creme de cebola
Queijo ralado

Aqueça o azeite, junte a cebola e o alho e deixe dourar, acrescente os talos de espinafre, as folhas e a água fervente, deixe ferver até os talos ficarem macios. À parte, bata os ovos até dobrar de volume, junte-os à sopa e deixe cozinhar, sem parar de mexer. Acrescente a sopa de creme de cebola, ferva mais 10 minutos, adicione o sal. Desligue o fogo e acrescente o queijo ralado.

CALDO DE SOJA

1 xícara (de chá) de soja em grão sem casca
5 xícaras (de chá) de água
1 xícara (de chá) de nabo ralado
1 xícara (de chá) de cenoura ralada
1 cebola picada
3 dentes de alho amassados
2 colheres (de sopa) de cebolinha
1 colher (de café) de curry em pó
Sal a gosto

Deixe a soja de molho por 4 horas. Coloque para cozinhar em panela de pressão com as 5 xícaras (de chá) de água. Quando a soja estiver cozida, bata-a no liquidificador, passe por uma peneira fina, esprema bem e leve o caldo ao fogo (caso o caldo esteja muito grosso, acrescente um pouco mais de água quente), junte os legumes e os temperos, verifique o sal e deixe ferver até que os legumes fiquem *al dente*. Ao final, acrescente a cebolinha. Sirva quente.

CALDO VERDE

1½ litro de água
6 batatas cozidas e amassadas
3 colheres (de sopa) de azeite
4 dentes de alho amassados
1 cebola cortada em rodelas finas
6 folhas de couve cortadas bem fininhas
Sal a gosto

Frite o alho e a cebola no azeite, acrescente a couve e refogue um pouco. Coloque a água fervente, o sal e as batatas. Deixe ferver até o caldo ficar grosso. Sirva com torradas.

SOPA COM GOSTO DE PIZZA

3 chuchus
2 xícaras (de chá) de cascas de chuchu cortadas em cubos
4 xícaras (de chá) de água fervente
1 cebola fatiada
2 dentes de alho amassados
3 colheres (de sopa) de azeite
3 tomates sem sementes cortados em cubos
Queijo ralado, sal e orégano

Lave e descasque os chuchus; corte as cascas em cubos, ferva e reserve. Em outra panela, cozinhe o chuchu até que esteja macio; depois de cozido, bata-o no liquidificador com a água do cozimento e reserve. Doure o alho e a cebola no azeite, acrescente o chuchu batido e deixe ferver até encorpar. Misture o tomate cortado em cubos, as cascas de chuchu cozidas, o orégano, o sal e por último o queijo ralado. Sirva quente.

SOPA CREME DE PALMITO

2 colheres (de sopa) de margarina light
3 dentes de alho amassados
1 cebola ralada
1½ copo de água
1½ copo de leite
4 talos de palmito
2 colheres (de sopa) de amido de milho, dissolvido em ½ copo de leite
Sal a gosto

Coloque em uma panela a margarina, o alho e a cebola. Refogue um pouco e coloque a água e o leite, deixe ferver e junte o palmito picado. Cozinhe por 6 minutos e acrescente o amido de milho dissolvido em ½ copo de leite. Coloque o sal e deixe engrossar. Sirva quente com croutons.

SOPA CREMOSA DE PEIXE

1 cebola picada
2 talos de salsão picados
1 cenoura picada
3 dentes de alho amassados
2 colheres (de sopa) de salsa
3 colheres (de sopa) de óleo de soja
1kg de filés de peixe (pescada ou merluza)
3 tomates batidos no liquidificador
½ xícara (de chá) de vinho branco seco
1½ litro de água
Sal e pimenta a gosto

Coloque em uma panela o óleo, a cebola e o alho para fritar um pouco. Acrescente o salsão, a cenoura, a salsa e frite mais um pouco. Junte os filés, o tomate, o vinho, o sal e a pimenta. Deixe cozinhar lentamente pingando um pouco de água sempre que necessário. Quando o peixe estiver cozido, retire do fogo e bata tudo no liquidificador. Volte para a panela e junte o restante da água. Leve ao fogo e deixe ferver por 10 minutos. Sirva com torradas.

SOPA CREMOSA DE SALSÃO

4 folhas de salsão cortadas em fatias finas
1 alho-poró cortado em fatias finas
3 cenouras cortadas em fatias finas
1 cebola em rodelas
2 colheres (de sopa) de margarina light
1 gema
3 colheres (de sopa) de queijo light ralado
1 xícara (de chá) de creme de leite
1½ litro de água

Coloque em uma panela com a margarina, a cebola, o salsão, a cenoura, o alho-poró e frite por alguns minutos. Junte um pouco de água e cozinhe. Passe pelo liquidificador, volte para a panela, acrescente o restante da água, tempere com sal e ferva por 10 minutos. Bata a gema com o queijo, junte o creme de leite e misture à sopa. Sirva quente.

SOPA CREMOSA DE LEGUMES

2 colheres (de sopa) de margarina light
1 cebola picada
2 dentes de alho amassados
1½ xícara (de chá) de leite
2 colheres (de sopa) de farinha de trigo
1½ xícara (de chá) de água fervente
1 colher (de sopa) de shoyu
1½ xícara (de chá) de legumes cozidos e picados (cenoura, mandioquinha etc.)
Sal a gosto

Leve ao fogo uma panela com a margarina, alho e cebola até dourar. Junte a farinha de trigo e mexa até dissolver. Adicione a água, o leite, o sal e o shoyu. Deixe ferver, abaixe o fogo, acrescente os legumes, deixe ferver por 8 minutos. Sirva com queijo ralado.

SOPA DE CAMARÃO COM SALMÃO

5 colheres (de sopa) de azeite
3 dentes de alho amassados
2 cebolas picadas
3 colheres (de sopa) de salsinha picada
4 colheres (de sopa) de salsão picado
3 tomates cortados em cubos
½ copo de vinho branco seco
1½ litro de água
8 camarões grandes sem casca cortados ao meio
400g de salmão em pedaços
Sal a gosto

Leve ao fogo em uma panela grande o azeite, a cebola, o alho e o salsão. Deixe refogar até murchar. Adicione os tomates, a salsinha e o vinho e deixe ferver durante três minutos para evaporar. Junte os camarões, o salmão e o sal e deixe cozinhar 4 minutos. Acrescente a água e deixe em fogo alto por mais 20 minutos. Sirva quente.

SOPA DE CEBOLA

2 colheres (de sopa) de margarina light
2 colheres (de sopa) de óleo de soja ou azeite
3 dentes de alho amassados
3 cebolas grandes cortadas em rodelas finas
Sal e pimenta-do-reino a gosto
½ xícara (de sopa) de vinho branco seco
1½ litro de água fervente
1 pacote de creme de cebola
Fatias de pão
Queijo ralado

Aqueça o óleo e a margarina. Junte o alho e as cebolas e frite em fogo lento por 10 minutos com a panela tampada. Junte o sal, a pimenta, o vinho e cozinhe por 3 minutos. Adicione água fervendo, o creme de cebola e cozinhe em fogo lento por mais 10 minutos. Coloque a sopa em pratos individuais e coloque 1 fatia de pão coberta com queijo ralado. Sirva em seguida.

SOPA DE ESPINAFRE COM BATATAS

6 batatas descascadas e cortadas em quatro
3 colheres (de sopa) de óleo de soja
2 dentes de alho amassados
1 cebola picada
1 litro de água fervendo
Sal e pimenta a gosto
1 maço de espinafre

Coloque em uma panela o óleo, a cebola e o alho. Dê uma leve fritada e acrescente o espinafre e as batatas. Leve ao fogo com a água e cozinhe até as verduras ficarem macias. Coloque o sal e a pimenta e bata tudo no liquidificador. Volte para a panela e deixe até levantar fervura. Sirva com queijo ralado.

SOPA DE FEIJÃO

3 colheres (de sopa) de azeite ou óleo de soja
1 cebola ralada
3 dentes de alho amassados
1 abobrinha ralada
2 cenouras raladas
3 tomates picados
4 xícaras (de chá) de água fervendo
Sal, pimenta e orégano
100g de macarrão letrinha
150g de feijão cozido
Salsinha picada e queijo ralado

Em uma panela, refogue no azeite a cebola, o alho, a abobrinha, a cenoura e o tomate. Junte a água fervendo, o sal, a pimenta e o orégano. Deixe ferver um pouco e acrescente o macarrão e o feijão. Deixe até ficar bem cozido, tire do fogo e sirva com o queijo ralado e salsinha picada.

SOPA DE GRÃO DE BICO

2 colheres (de sopa) de azeite
2 dentes de alho amassados
1 cebola ralada
1½ xícara (de chá) de vagem cortada
4 xícaras (de chá) de água fervente
100g de macarrão Ave Maria
100g de grão de bico cozido
Sal e pimenta

Em uma panela com óleo, refogue o alho, a cebola, a cenoura e a vagem. Junte a água, o sal e a pimenta. Deixe ferver. Acrescente o macarrão e cozinhe em fogo baixo até ficar macio. Junte o grão de bico. Ferva por mais cinco minutos.

SOPA DE MILHO

2 xícaras (de chá) de milho verde cozido
1 caixinha de creme de leite light
4 colheres (de sopa) de queijo ralado
3 xícaras (de chá) de leite desnatado
Sal a gosto

Bata no liquidificador o creme de leite, o leite, o milho cozido e o sal. Passe por uma peneira, coloque em uma panela e leve ao fogo para cozinhar por 15 minutos. Tire do fogo. Sirva em seguida, polvilhando com queijo ralado.

SOPA DE SHITAKE

12 shitakes (cogumelos secos)
4 xícaras (de chá) de caldo de frango
1 colher (de sopa) de shoyu
1 colher (de café) de açúcar
1 punhado de cebolinha-verde
2 fatias de gengibre fresco

Coloque os cogumelos secos em molho de água morna até amolecerem. Retire os talos, coloque o caldo de frango, os cogumelos, a cebolinha, o gengibre, o shoyu, o açúcar e o sal a gosto. Leve ao fogo e cozinhe por 30 minutos. Antes de servir, recolha a espuma que se formou na superfície, retire também o gengibre e a cebolinha. Sirva quente.

SOPA DE SHITAKE COM TOFU

300g de tofu cortado em cubos
8 shitakes (cogumelos secos)
4 xícaras (de chá) de caldo de frango
300g de broto de bambu cozido
2 colheres (de sopa) de vinho branco seco
Sal a gosto

Coloque os cogumelos secos em molho de água morna até amolecerem. Retire os talos e corte-os na diagonal em três ou quatro pedaços cada. Corte os brotos de bambu já cozidos em fatias finas. Leve o caldo de frango ao fogo e acrescente os cogumelos e cozinhe lentamente por 20 minutos. Junte os brotos de bambu e tofu, tempere com o vinho e o sal. Dê uma segunda fervura antes de servir.

SOPA DE TOFU E COGUMELOS

400g de tofu cortado em cubos
10 cogumelos em conserva picados
2 cenouras raladas
800ml de água fervente
Sal a gosto
2 colheres (de sopa) de shoyu
2 colheres (de sopa) de óleo de soja ou azeite
½ cebola picada
2 dentes de alho amassados

Leve ao fogo uma panela com o óleo, a cebola e o alho e deixe até dourar. Acrescente a cenoura e deixe 3 minutos. Despeje a água fervente, os cogumelos e o sal. Deixe ferver por 15 minutos. Adicione o shoyu. Tire do fogo e acrescente o tofu. Dê uma fervida rápida e sirva.

SOPA DE TOMATES COM PIPOCA

1kg de tomates maduros
1 cebola ralada
3 dentes de alho amassados
2 gemas passadas por peneira
2 colheres (de sopa) de amido de milho
1 xícara (de chá) de leite
1½ xícara (de chá) de água fervendo
Queijo ralado
Sal
1 pipoca de micro-ondas

Em uma panela, frite ligeiramente a cebola e o alho. Em seguida bata os tomates no liquidificador. Junte a água fervente e o sal. Abaixe o fogo e engrosse a sopa com o amido de milho dissolvido no leite e as gemas passadas na peneira. Na hora de servir, estoure as pipocas. Sirva a sopa bem quente com queijo ralado e as pipocas por cima.

SOPA DIGESTIVA

1 berinjela grande sem casca, cortada em cubos
3 cenouras médias, descascadas e picadas
3 jilós picados
2 cebolas picadas
2 xícaras (de chá) de vagem picadas
3 dentes de alho amassados
Sal a gosto

Na panela de pressão, coloque todos os ingredientes, cubra com água; deixe levantar fervura com a panela tampada. Abaixe o fogo e deixe por 20 minutos. Desligue o fogo, deixe esfriar um pouco, e bata no liquidificador. Tome antes das refeições ou substituindo-as.

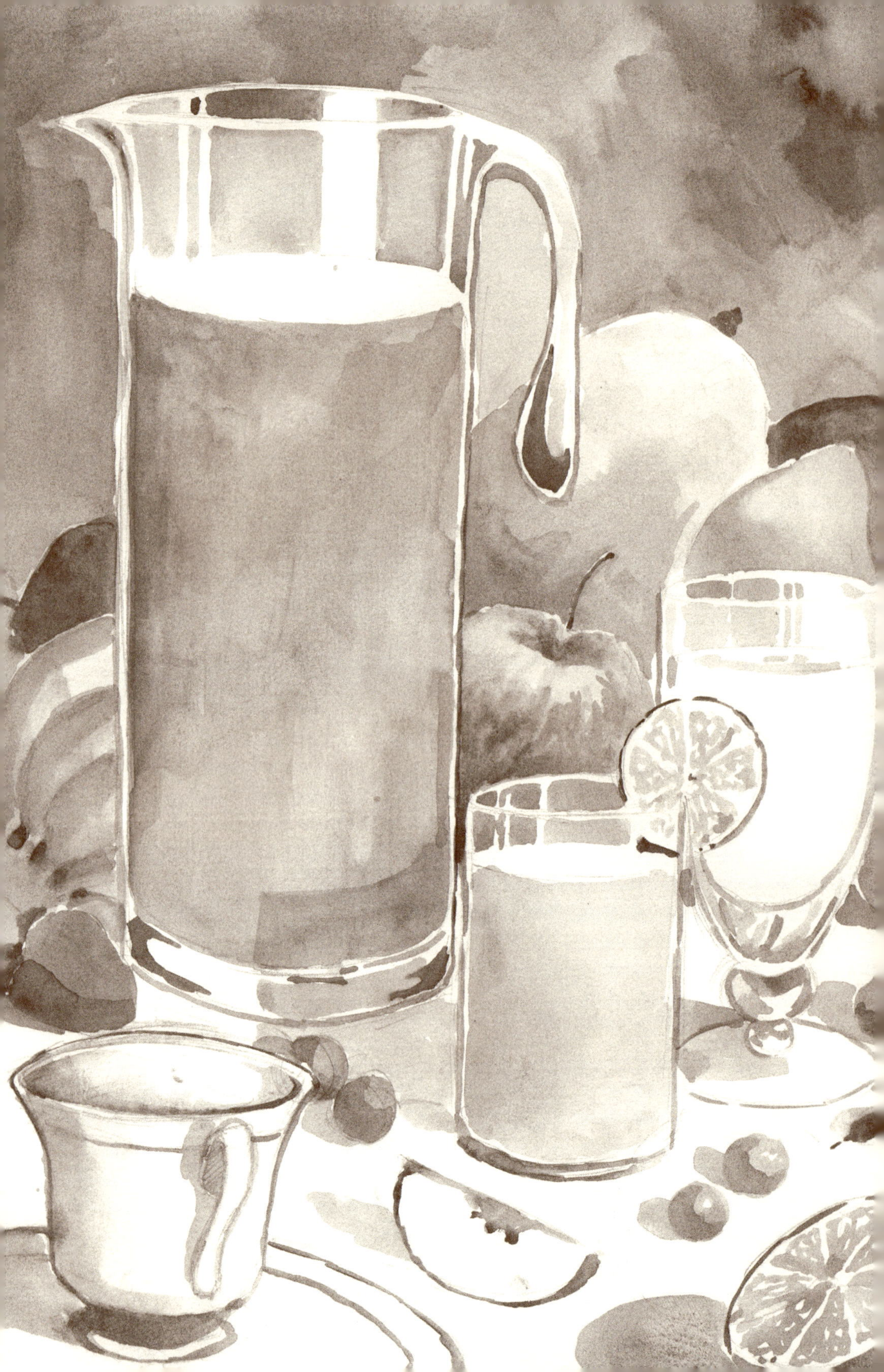

SUCOS E CHÁS

FAZENDO SUCOS: ALGUMAS DICAS

A seguir, algumas informações úteis para você aproveitar ao máximo os benefícios que os sucos podem trazer para a sua saúde e, é claro, para enriquecer a sua alimentação.

1. Sempre que possível, utilize frutas, legumes e verduras cultivados por meios orgânicos na preparação de seus alimentos e, particularmente, para fazer os sucos, que são consumidos crus. Na impossibilidade disso e, sobretudo, quando utilizar as cascas de frutas, alguns cuidados devem ser tomados para diminuir a concentração dos agrotóxicos. Primeiramente, use uma escovinha – que só deve ser usada para essa finalidade – para esfregar as cascas com cuidado. Em seguida, lave as frutas, legumes e verduras com água sanitária (sem odorização) – numa solução de 1 colher (de sopa) para cada litro de água – deixando de molho por dez minutos. Retire e não lave mais. Parte significativa do agrotóxico será removida com esse procedimento.

2. Caso não tenha disponível um processador de alimentos e fizer uso do liquidificador, não coe todo o suco produzido, pois, se o fizer, estará eliminando parte das fibras que são importantes na digestão. Misture, portanto, uma parte sem coar, de modo que as fibras possam também exercer seu papel no organismo.

TRIO MARAVILHA: LARANJA, ABACAXI E ALFACE

1 copo de água
1 fatia espessa de abacaxi sem casca
1 folha de alface
Suco de 1 laranja
Adoçante natural ou açúcar mascavo

Junte no liquidificador o abacaxi e a alface picados, e o suco da laranja. Acrescente a água e bata tudo. Adoce e sirva em seguida.

Este suco é uma fonte poderosa de vitamina C, presente no abacaxi e na laranja, esta última também oferecendo betacaroteno, tiamina e potássio. Para completar, a alface ainda colabora com a Vitamina A, niacina (Vit. B3) e sais minerais.

MISTURA ENERGÉTICA: GOIABA COM HORTELÃ

1 xícara (de chá) de água
1 colher (de sopa) de mel
2 folhas de hortelã
1 goiaba vermelha picada

Bata todos os ingredientes no liquidificador, coe e sirva.

A goiaba é rica em vitamina C, além de potássio e ferro, apresenta alto teor de pectina e outros tipos de fibras dietéticas solúveis. Tudo isso complementado pelo magnésio da hortelã, que é fundamental como energizante.

COQUETEL REJUVENESCEDOR: LARANJA, BETERRABA E CENOURA

1 cenoura picada
1 beterraba média
Suco de 3 laranjas
2 colheres (de chá) de mel ou adoçante
1 copo de água

Junte no liquidificador, coe e sirva.

Betacaroteno, vitamina A e vitamina C: junção harmônica para combater o envelhecimento.

SUCO DE COUVE ENRIQUECIDO COM TANGERINA

1 copo de água
2 folhas de couve com os talos
Suco de 2 tangerinas
Mel a gosto

Pique as folhas de couve e bata no liquidificador com o suco da tangerina e água. Adoce, coe e sirva em seguida.

Cálcio é o que não falta na couve, que também oferece fósforo. E ambos os minerais integram dentes e ossos, além de participar do equilíbrio muscular. Já a deliciosa tangerina (também chamada de mexerica, bergamota, mandarina e laranja-cravo), é rica em vitamina A (na forma de betacaroteno), mais do que qualquer outra fruta cítrica.

SUCO DE ABACAXI

2 rodelas grossas de abacaxi
1 copo de água
Adoçante ou mel

Retire as cascas e bata na centrífuga ou liquidificador, coe, adoce e beba.

Este é um suco indicado para o alívio dos sintomas da laringite. Rica fonte de vitamina C, com quantidades úteis de vitamina B6, tiamina, ferro e magnésio. É preciso lembrar, porém, que o abacaxi possui uma enzima chamada bromelina em seu suco, que pode causar alergia em pessoas suscetíveis a ela.

SUCO DE MAÇÃ COM LARANJA

2 maçãs
2 copos de água
1 laranja
Adoçante ou mel

Descasque a laranja, de modo a deixar aquela parte branca da casca. Em seguida, corte a laranja e as maçãs em pedaços pequenos e bata na centrífuga ou no liquidificador, neste caso coando o suco antes de servir.

Jay Kordich, autor do clássico O poder dos sucos, conta que se curou de um câncer tomando regularmente suco de maçã. Sabe-se que este é muito eficiente na contenção dos radicais livres e, por essa razão, certamente deve contribuir no caso de doenças com tumores. O fato é que essa combinação deliciosa, de maçã e laranja é eficaz no combate a viroses.

SUCO DE UVA E CEREJA

1 copo de água
2 cachos de uvas escuras
½ xícara (de chá) de cerejas escuras
Adoçante ou açúcar mascavo a gosto

Misture as uvas com as cerejas, bata tudo na centrífuga e sirva em seguida.

Essa combinação de frutas contribui, com suas vitaminas, para a prevenção de cáries.

SUCO HIDRATANTE: MELANCIA E ÁGUA DE COCO

1 copo (americano) de água de coco
4 pedaços médios de melancia
Adoçante ou açúcar mascavo a gosto

Corte a melancia em pedaços menores. Junte-os com a água de coco e bata no liquidificador. Sirva em seguida.

Além de ter poucas calorias, esta combinação é um poderoso hidratante, sendo ideal para quem quer manter a forma e faz exercícios físicos. A melancia e a água de coco são ricas em potássio e contém várias vitaminas e outros nutrientes. O potássio regula as atividades neuromusculares, atua na função renal, no equilíbrio dos líquidos do organismo, além de prevenir e aliviar a hipertensão arterial.

SUCO DE LIMA E MELÃO

340g de melão
½ lima com a casca
Adoçante ou açúcar mascavo a gosto

Fatie o melão e a lima. Coloque-os na centrífuga ou liquidificador e bata. Sirva em seguida.

Embora constituído de água em sua maior parte, o melão é muito nutritivo, pois fornece vitaminas A e C, potássio e outros minerais. A lima também é uma excelente fonte de vitamina C, além de conter antioxidantes, que ajudam a proteger as células dos radicais livres, que estão ligados a processos degenerativos como o câncer e o envelhecimento.

DUPLA CONTRA A GRIPE: SUCO DE MORANGO COM ABACAXI

8 morangos
1 copo de água
1 rodela de abacaxi
Adoçante ou açúcar mascavo a gosto

Bata, no liquidificador ou na centrífuga, o abacaxi e os morangos. Coe e sirva.

Este suco, que combina duas frutas ricas em vitamina C, é uma deliciosa forma de prevenir viroses, como a gripe. O abacaxi também possui potássio, magnésio, cálcio, vitaminas A, C, B1 e D. O morango contém betacaroteno, vitaminas A, B5, C, magnésio, fósforo, ferro, potássio, sódio entre outros nutrientes.

REFRESCO PARA O VERÃO: SUCO DE MAÇÃ COM LIMÃO

1 copo de água
4 maçãs
½ limão descascado
Gelo picado

Pique as maçãs e o limão em pedaços bem pequenos. Junte o gelo picado, a água e o adoçante e bata no liquidificador. Tome em seguida.

O limão praticamente dispensa apresentações, pois é uma das frutas mais conhecidas no mundo. Seu suco combate a falta de vitamina C, é estimulante do apetite, diurético, combate a febre, o reumatismo, e traz muitos outros benefícios para o organismo. A maçã contém muitas fibras solúveis, que colaboram na redução do colesterol. Também ajuda a prevenir a prisão de ventre, por absorver grandes quantidades de água do trato intestinal.

SUCO REVIGORANTE: UVA, KIWI E LARANJA

1 cacho de uvas verdes
1 laranja
3 kiwis
2 copos de água
Adoçante ou açúcar mascavo a gosto

Retire os talos das uvas, pique as laranjas e os kiwis, coloque tudo no liquidificador e bata.

O kiwi e a laranja são excelentes fontes de vitamina C, além de outros nutrientes importantes para a saúde, como o potássio. A uva é vitalizadora, alcalinizante, antrreumática, depurativa, diurética, laxante e tônica para o sistema nervoso.

SUCO DE ABACAXI COM LARANJA

1 rodela grossa de abacaxi descascada
Mel ou adoçante a gosto
1 laranja
1 copo de água

Pique a rodela do abacaxi e a laranja. Bata na centrífuga ou liquidificador.

Este suco é muito nutritivo, além de ser um gostoso refresco para os dias quentes. A laranja e o abacaxi são fonte de vitamina C, tiamina e magnésio, entre outros nutrientes.

SUCO CALMANTE: UVA, ABACAXI E MORANGO

1 copo de água
1 cacho de uvas
1 rodela de abacaxi
6 morangos
Adoçante ou mel a gosto

Retire os talos das uvas, pique os morangos e o abacaxi e bata tudo no liquidificador.

Este suco é indicado para pessoas muito nervosas ou ansiosas. A uva e o morango são tônicos para o sistema nervoso. O abacaxi também favorece muito o organismo: facilita a digestão, é germicida, desobstrui o fígado, combate a icterícia, a artrite, a difteria, bom contra as afecções da garganta e a arteriosclerose.

SUCO DE PERA, MAÇÃ E LIMÃO

2 peras
1 maçã
½ limão
2 copos de água

Pique as frutas em fatias pequenas e bata no liquidificador.

A maçã e a pera são ricas em fibras, ajudando a prevenir a prisão de ventre. Além disso, a pera possui muitos nutrientes, como potássio, sódio, cálcio, fósforo, enxofre, magnésio, silício, ferro, vitaminas A e C e do complexo B. O limão também é uma conhecida fonte de vitamina C.

SUCO DE CENOURA COM PIMENTÃO

1 copo de água
1 cenoura grande
½ pimentão verde
Adoce a gosto

Fatie a cenoura e os pimentões e bata na centrífuga ou liquidificador.

A cenoura é uma abundante fonte de betacaroteno, que possui forte ação antioxidante evitando envelhecimento precoce e prevenindo o câncer, e de vitamina A, um nutriente essencial para a saúde dos cabelos, da pele, dos olhos e dos ossos. O pimentão é riquíssimo em vitamina C, contendo ainda vitamina A e sais minerais.

SUCO DE CENOURA, ESPINAFRE, ALFACE, NABO E SALSA

1 copo de água
1 cenoura grande
6 folhas de espinafre
1 folha de alface
½ nabo – aproximadamente 3 fatias com 2cm cada uma
Mel ou açúcar mascavo a gosto
1 galhinho de salsa

Corte a cenoura e o nabo em fatias. Coloque no processador ou liquidificador junto com o espinafre, a alface e a salsa.

Esta é uma potente mistura que possui vitaminas e outros nutrientes, além de fibras. Contém vitamina A e C, betacaroteno, ferro, potássio, cálcio, entre outros nutrientes. O espinafre, o nabo e a cenoura ajudam na prevenção de certos tipos de câncer.

SUCO DE CENOURA, BETERRABA E PEPINO

1 copo de água
2 cenouras médias
½ beterraba
½ pepino
Adoce com mel ou açúcar mascavo

Pique as cenouras e a beterraba em pedaços bem pequenos. Corte o pepino em cubinhos. Bata os ingredientes no liquidificador.

O pepino e a beterraba possuem vitamina C, e, como a cenoura, têm fibras e um baixo teor de calorias. Este suco elimina as toxinas do organismo.

SUCO BRONZEADOR: CENOURA E BETERRABA

2 copos de água
3 cenouras médias
½ beterraba
Adoçante ou mel

Fatie as cenouras em partes bem finas e pique a beterraba. Ponha os ingredientes na centrífuga ou liquidificador.

Como a cenoura, a beterraba também possui betacaroteno, um antioxidante que estimula a produção da melanina, um pigmento que protege a pele dos raios solares e que também confere o bronzeamento.

SUCO DE CASCAS DE MAÇÃ COM LIMÃO

> ½ litro de água
> Cascas de 6 maçãs
> Suco de 1 limão
> Açúcar mascavo ou adoçante a gosto

Em uma panela, coloque as cascas das maçãs, com o açúcar ou o adoçante e a água e leve ao fogo. Depois da fervura, cozinhe por mais 10 minutos em fogo baixo. Deixe esfriar e bata tudo no liquidificador com o suco do limão. Coe e misture, se necessário, acrescente mais água.

A maçã possui pectina, uma fibra solúvel que absorve toxinas e também ajuda a evitar a prisão de ventre. O limão contribui com a vitamina C, que protege o organismo contra resfriados.

SUCO DE LARANJA COM CENOURA

> ½ copo de água
> 2 laranjas
> 2 cenouras pequenas
> Açúcar mascavo ou mel a gosto

Deixe as laranjas e as cenouras na geladeira por algumas horas. Raspe as cenouras e corte-as em rodelas. Esprema as laranjas. Coloque as cenouras e o suco de laranja no liquidificador. Adoce a gosto.

A laranja é uma excelente fonte de vitamina C, tiamina e potássio. Como a cenoura, também contém betacaroteno.

SUCO DE MORANGO COM ALFACE

> 1 xícara (de chá) de morangos
> 2 folhas de alface
> 1 copo de água
> 1 colher (de sopa) de mel

Pique os morangos, junte a alface, a água e o mel. Bata todos os ingredientes no liquidificador e depois coe.

O morango e a alface possuem vitamina C e previnem contra diversos tipos de câncer. A alface também contém betacaroteno, cálcio e ferro entre outros nutrientes.

SUCO DE MAÇÃ, UVA E LIMÃO

> 2 copos de água
> 3 maçãs
> 1 cacho de uvas verdes
> ½ limão, com casca
> Adoçante ou açúcar mascavo a gosto

Fatie as maçãs e o limão e retire os talos das uvas. Bata todos os ingredientes na centrífuga ou liquidificador. Sirva enfeitado com uma folha de hortelã.

Este é um suco muito refrescante, que tem um toque especial de limão. A maçã e a casca da uva ajudam a regular os níveis de colesterol no sangue.

SUCO ANTIRRADICAIS LIVRES: ROMÃ E MAÇÃ

2 maçãs
1 copo de água
½ romã
Adoçante ou açúcar mascavo a gosto

Corte a maçã em pedaços bem pequenos. Parta a romã e retire as sementes. Coloque a maçã e as sementes de romã na centrífuga ou no liquidificador.

O suco da romã possui um poderoso antioxidante – um tipo de flavonoide – mais eficaz na prevenção de problemas cardíacos do que o existente no tomate e no vinho tinto. A maçã também possui substâncias antioxidantes, prevenindo o câncer.

SUCO DE LARANJA COM PÊSSEGO E ÁGUA DE COCO

1 laranja
1 pêssego
½ xícara (de chá) de água de coco
2 fatias de lima para enfeitar

Corte o pêssego em pedaços pequenos e descarte o caroço. Cuidadosamente, descasque a laranja, sem machucar a pele branca da fruta. Pique a laranja. Bata os ingredientes na centrífuga ou no liquidificador. Em seguida, acrescente a água de coco e decore com as fatias de lima.

Os pêssegos são uma ótima fonte de vitamina A, potássio e magnésio, além de serem ricos em fibras. A água de coco garante ao suco um poder hidratante e a laranja é fonte de vitamina C.

SUCO DIGESTIVO: ABACAXI, CEREJA E LIMA

2 rodelas de abacaxi
3 cerejas (sem caroço)
1 lima sem casca
1 copo de água
Adoçante ou açúcar mascavo a gosto

Pique as rodelas de abacaxi e a lima, junte as cerejas e bata na centrífuga ou no liquidificador. Coe e sirva.

A cereja e o abacaxi facilitam a digestão e combatem doenças como a arteriosclerose. O suco de lima é indicado nos casos de acidez e úlceras gástricas.

SUCO DE LARANJA, ABACAXI E FRAMBOESA

1 laranja
1 copo de água
1 rodela de abacaxi
½ xícara (de chá) de framboesas
Mel ou adoçante a gosto

Pique o abacaxi, acrescente a framboesa e o suco de laranja. Bata no liquidificador.

A framboesa repõe energia, pois é rica em carboidratos e fibras (pectina), além de ser antiviral e anticancerígena. A laranja e o abacaxi facilitam a digestão.

SUCO DE CENOURA, REPOLHO E AIPO

2 cenouras médias
2 copos de água
1 xícara (de chá) de repolho picado
1 talo de aipo
Mel ou adoçante a gosto

Fatie as cenouras e pique o aipo. Junte o repolho e centrifugue todos os ingredientes.

O repolho possui nutrientes como ferro, magnésio, cálcio, vitamina C e um potente antioxidante chamado sulforafeno. Este vegetal contribui para a prevenção do câncer do aparelho digestivo e reduz o risco do desenvolvimento de outros tumores, além de eliminar toxinas do corpo. O aipo é uma boa fonte de potássio e também protege contra o câncer. A cenoura também beneficia o organismo, fortalecendo o sistema imunológico.

SUCO DE CENOURA, COUVE, SALSA E MAÇÃ

1 copo de água
2 cenouras
1 folha de couve
½ maçã
1 galhinho de salsa
Adoçante ou açúcar mascavo a gosto

Corte as cenouras e a maçã em fatias, acrescente a couve, a salsa e coloque no processador ou liquidificador.

A couve possui minerais, como cálcio, fósforo e ferro, que são importantes para a formação e manutenção de ossos e dentes e para a integridade do sangue, além de vitamina A, indispensável para a boa visão e para a saúde da pele. Também possui vitaminas do complexo B, que protegem a pele e evitam problemas do aparelho digestivo e do sistema nervoso. A cenoura também contribui para o organismo com a vitamina A, e a maçã, com as fibras.

SUCO DE LARANJA COM BROTO DE REPOLHO

½ litro de suco de laranja:
70g de broto de repolho
Adoçante ou açúcar mascavo a gosto

Junte o suco de laranja e o repolho, reservando alguns brotos para decoração. Bata no liquidificador. Coloque o suco em copos, decore com os brotos e sirva.

O repolho, como a laranja, é rico em vitamina C, que fortalece o sistema imunológico, e possui vitamina A, que aumenta a resistência às infecções.

SUCO TURBINADO: CENOURA, ABACAXI, LARANJA, GENGIBRE E MEL

2 cenouras médias
2 fatias grossas de abacaxi descascadas
300ml de suco de laranja
1 pedaço de 5cm de gengibre
Mel ou adoçante a gosto
2 pedras de gelo

Pique o abacaxi e o gengibre, raspe e corte as cenouras em rodelas. Coloque no liquidificador a cenoura, o abacaxi, o mel ou o adoçante e o gengibre, o suco de laranja e as pedras de gelo. Bata bem e depois coe.

Este suco é muito energético e nutritivo. A laranja e o abacaxi são fontes de vitamina C e a cenoura possui vitamina A. O mel tem minerais como selênio, zinco, alumínio, manganês e cromo, e é um alimento energético de alta qualidade. Sua ingestão permite uma alimentação imediata e intensiva de todo o sistema muscular, especialmente dos músculos do coração. Também possui grande quantidade de frutose, o açúcar das frutas. Por isso é uma fonte energética muito importante para os atletas e para os idosos. O gengibre é antioxidante, combate infecções e previne doenças cariovasculares.

SUCO ANTI-ANEMIA:

1 cenoura grande
2 maçãs
1 copo de água
Mel ou adoçante a gosto

Rale as cenouras e pique as maçãs. Bata os ingredientes no liquidificador.

A cenoura contribui com vitaminas A e do complexo B, fósforo, cloro, potássio, cálcio, entre outros nutrientes. A maçã possui as vitaminas B1, B2 e niacina, além de minerais como, ferro e fósforo. Estas frutas ajudam a combater a anemia.

SUCO DE CENOURA, MAÇÃ, GENGIBRE E SALSA

1 copo de água
2 cenouras grandes
½ maçã
½ gengibre
1 punhado de salsa
Açúcar mascavo ou adoçante a gosto

Corte as cenouras em rodelas, pique a maçã e o gengibre. Em seguida coloque todos os ingredientes na centrífuga ou no liquidificador.

A maçã é rica em quercetina, uma substância que ajuda a evitar a formação dos coágulos sanguíneos capazes de provocar derrames. Esta fruta é recomendada para pessoas com problemas de intestino e que tenham reumatismo, obesidade, gota ou diabetes. Muito nutritiva, a salsa contém ferro, vitaminas A, B e C, além de conter cobre, manganês e zinco. A cenoura também contribui para o organismo com a vitamina A e sais minerais. E o gengibre dá um sabor especial ao suco.

SUCO DE CENOURA, REPOLHO E ALFACE

2 cenouras médias
8 folhas de alface
1 xícara (de chá) de repolho verde (picado)
Açúcar mascavo ou adoçante a gosto

Corte as cenouras em rodelas, pique a alface e junte com o repolho na centrífuga ou liquidificador.

A alface e o repolho contém vitamina C, são ricos em fibras e pobres em calorias. A cenoura colabora com a vitamina A.

SUCO DE CENOURA, BRÓCOLIS E MAÇÃ

2 cenouras médias
3 talos de brócolis
1 copo de água
½ maçã
Açúcar mascavo ou adoçante a gosto

Pique as cenouras, a maçã e o brócolis. Bata os ingredientes no liquidificador.

O brócolis e a alface fornecem vitamina C, além de ferro, cálcio e outros minerais. Como a cenoura, o brócolis possui vitamina A. Esta verdura também tem bioflavonoides e outras substâncias que protegem contra o câncer.

SUCO DESINTOXICANTE

1 talo de agrião
1 talo de salsão
1 colher (de chá) de salsinha
1 maçã
1 copo de água
Açúcar mascavo ou adoçante a gosto

Pique a maçã. Coloque todos os ingredientes no liquidificador.

O agrião e a maçã são desintoxicantes. O salsão tem propriedades diuréticas, estimulantes e digestivas. A maçã absorve grandes quantidades de água do trato intestinal, ajudando a prevenir a prisão de ventre.

SUCO CONTRA O COLESTEROL

5g de gengibre
3 ramos de salsinha
1 maçã média
½ cenoura
1 copo de água
Açúcar mascavo ou adoçante a gosto

Pique a maçã, a cenoura o gengibre e a salsinha. Ponha no liquidificador junto com a água e bata. Coe em seguida.

A cenoura, a maçã e o gengibre ajudam a combater o colesterol.

SUCO CONTRA ASMA E BRONQUITE

2 ramos de agrião
½ beterraba
1 copo de água
Suco de duas laranjas
1 colher (de sopa) de mel

Corte a beterraba em pedaços pequenos. Coloque-os no liquidificador com o restante dos ingredientes.

O agrião, a laranja e o mel combatem a bronquite e a asma. A beterraba também ajuda no tratamento da bronquite e da anemia.

SUCO PARA LARINGITE

1 fatia de abacaxi
10 folhas de hortelã
1 copo (americano) de água
1 colher (de chá) de mel

Pique o abacaxi. Coloque todos os ingredientes no liquidificador.

O abacaxi, a hortelã e o mel são indicados no tratamento da laringite. A hortelã também é indicada para asma, bronquite e gripe.

SUCO DE MELANCIA PARA GOTA E ÁCIDO ÚRICO

1 copo de água de coco
4 fatias médias de melancia com as sementes
Adoçante

Coloque a melancia, com sementes, no liquidificador. Após bater, coe e acrescente a água de coco. Beba em seguida.

O suco de melancia possibilita a eliminação de ácido úrico, ajudando no tratamento da gota, além de limpar o estômago e o intestino. A água de coco hidrata e possui muitos nutrientes, como sódio e potássio.

SUCO ANTI-ENVELHECIMENTO

1 cenoura
½ maçã
1 copo de água mineral
Adoçar com mel

Bata todos os ingredientes no liquidificador.

A cenoura e a maçã possuem betacaroteno, uma substância que tem ação preventiva no envelhecimento e no câncer de pele, assim como no desenvolvimento de tumores de bexiga, mama e estômago.

SUCO PARA PREVENIR O CÂNCER DE PELE

1 cenoura
1 copo de água
1 folha de couve-flor
1 folha de couve
½ ramo de brócolis
Açúcar mascavo ou adoçante a gosto

Coloque todos os ingredientes na centrífuga ou liquidificador e bata. Beba em seguida.

Cenoura, couve, brócolis e couve-flor – todos esses alimentos possuem propriedades antioxidantes. Este suco é, portanto, um coquetel que previne o câncer e o envelhecimento da pele.

SUCO CONTRA PRESSÃO ALTA

1 dente de alho
Suco de 1 limão
1 copo de água mineral
Açúcar mascavo ou adoçante a gosto

Bata todos os ingredientes no liquidificador. Beba em seguida.

O alho confere uma maior resistência dos vasos sanguíneos à pressão alta. O limão também é indicado no tratamento da hipertensão, além de ser eficaz contra alergias, estresse, gripe, dor de cabeça, fadiga, cânceres, processos lentos de cicatrização, entre outros males.

SUCO DE MELANCIA

2 colheres (de sopa) de extrato de soja
2 xícaras de melancia picada
3 colheres (de sopa) de açúcar mascavo
1 xícara de água gelada

Bater todos os ingredientes no liquidificador. Servir com um cubo de gelo.

SUCO ENERGÉTICO

2 bananas-prata picadas
2 colheres (de sopa) de açúcar mascavo ou adoçante
1 colher (de sopa) de extrato de soja
1 pote de iogurte natural desnatado
Uma colher (de café) de guaraná em pó

Bater todos os ingredientes no liquidificador. Sirva gelado.

SUCO NUTRITIVO COM LINHAÇA

4 colheres (de sopa) de extrato de soja
2 colheres (de chá) de levedo de cerveja
3 colheres (de chá) de sementes de linhaça
2 colheres (de chá) de açúcar diet
1 colher (de chá) de guaraná em pó
2 copos de sucos de laranjas
Gelo a gosto

Bata todos os ingredientes no liquidificador.

SUCO DE PERA

1 pera pesada
2 xícaras (de chá) de suco de laranja
1 colher (de sopa) de extrato de soja
3 colheres (sopa) de açúcar mascavo ou adoçante

Bata todos os ingredientes no liquidificador. Sirva com gelo.

SUCO DE KIWI

2 kiwis picados
2 xícaras (de chá) de suco de laranja
2 colheres (de sopa) de extrato de soja
2 colheres (de sopa) de açúcar mascavo
1 colher (de sopa) de sumo de limão

Bata todos os ingredientes no liquidificador. Sirva gelado.

SUCO DE COCO

1 xícara (de chá) de água de coco
½ xícara (de chá) de leite de coco light
1 colher (sopa) de extrato de soja
1 xícara (de chá) de suco de laranja natural
2 colheres (de sopa) de açúcar mascavo

Bata todos os ingredientes no liquidificador. Sirva com gelo.

SUCO DE ABACAXI

¾ de litro de água filtrada
5 fatias de abacaxi picado
1 colher (de sopa) de extrato de soja
6 folhas de hortelã
Sumo de 1 limão
4 colheres (de sopa) de açúcar mascavo ou adoçante

Bata no liquidificador e coe em uma peneira média

SUCO DE MORANGO

1 litro de água filtrada
1 caixa de morango
3 colheres (de sopa) de extrato de soja
Sumo de 1 limão
5 colheres (de sopa) de açúcar mascavo

Bata todos os ingredientes no liquidificador. Sirva gelado.

CHÁS

CHÁ DE CRAVO, CANELA E ALHO

300ml de água
6 cravos-da-índia
3 cascas de canela
2 dentes de alho
½ laranja
½ limão

Ferva bem todos os ingredientes. Adoce com mel. Esse chá ajuda na recuperação de resfriados.

CHÁ DIFERENTE DE MATE

350ml de água
2 colheres (de sopa) de mate
1 laranja cortada em quatro
2 dentes de alho

Ferva todos os ingredientes juntos e adoce com açúcar mascavo.

CHÁ DE CAPIM-CIDREIRA COM ALHO

350ml de água
3 folhas de capim-cidreira bem lavadas e amarradinhas
½ limão
2 dentes de alho pequenos

Ferva todos os ingredientes juntos e adoce com açúcar a seu gosto.

CHÁ DE HORTELÃ COM ALHO

350ml de água
10 folhas de hortelã
½ limão
2 dentes de alho pequenos

Ferva todos os ingredientes juntos e adoce com açúcar a seu gosto

CHÁ FORTALECEDOR COM ALHO

400ml de água
2 colheres (de sopa) de mate
1 pedaço pequeno de gengibre
½ limão
2 dentes de alho pequenos

Ferva todos os ingredientes juntos e adoce com mel ou açúcar mascavo.

ÍNDICE

ANTEPASTOS
Catchup 33
Catupiry com ervas e alho 33

CREMES 34
Creme de aliche light..........................34
Creme de batatas para sanduíches 34
Creme de limão 34

CONSERVAS..34
Berinjela em conserva........................34
Soja em conserva 35

MAIONESES...35
Maionese de soja (I) 35
Maionese de soja (II)..........................35
Maionese light 35
Maionese sem ovos, com cenoura 36

MOLHOS...36
Molho de abacate 36
Molho de abóbora com alho..............36
Molho agridoce....................................36
Molho de alho com ricota 37
Molho de anchovas 37
Molho de beterraba 37
Molho de beterraba com alho............37

Molho de cebolinhas em conservas...38
Molho com gergelim para salada 38
Molho de iogurte com alho................38
Molho de maçã 38
Molho rosé..38
Molho tártaro 39

PASTAS E PATÊS
Pasta de castanha-de-caju 39
Pasta de cebola....................................39
Pasta de soja 39
Patê de abacate 39
Patê de berinjela e azeitonas pretas...40
Patê de nozes 40
Patê de ricota.......................................40
Patesinho 2 minutos............................40
Recheio de frango frio para lanches ..40
Sardela 40
Tofu (queijo de soja) 41
Tofu cremoso 41
Tofu picante 42

REQUEIJÃO..42
Requeijão cremoso 42
Requeijão light 42
Requeijão semilight.............................42

ARROZ

Arroz integral: como preparar 43
Arroz com bacalhau..............................43
Arroz com brócolis................................44
Arroz com cobertura de queijo 44
Arroz com leite......................................44
Arroz com manga..................................44
Arroz com salmão defumado e
  alcachofras 45
Arroz de forno da Mariquinha............45
Arroz chinês frito com espinafre 46
Arroz frito com siri 46
Arroz vegetariano 46
Arroz verdinho......................................46
Farofa de arroz......................................47
Risoto de alho-poró..............................47
Risoto de atum......................................48
Risoto de bacalhau 48
Risoto de camarão................................49
Risoto de ervilhas.................................49

BOLOS E TORTAS

Bolo de abóbora....................................51
Bolo de abobrinha 51
Bolo de bananas....................................52
Bolo de bananas com
  recheio de peras 52
Bolo de beterraba 52
Bolo de café com chocolate 53
Bolo de farelo de aveia e maçã 53
Bolo de feijão preto 54
Bolo de goiabada do Guilherme 54
Bolo de laranja......................................54
Bolo de maçã da Cleusa 55
Bolo de maracujá..................................55
Bolo de milho.......................................55
Bolo de soja com chocolate 56
Bolo pão-de-ló integral........................56
Rocambole de cenouras.......................57

FRANGOS

Estrogonofe de frango 59
Frango com abacaxi..............................59
Frango com laranja-lima 60
Frango frito com alho poró,
  soja e gengibre..................................60
Frango xadrez (I)...................................60
Frango xadrez (II)..................................61
Polenta com frango e alcaparras........61
Rocambole de frango com ricota 62
Shitake com frango e legumes............62
Suflê de frango com espinafre 63
Suflê de frango com milho..................63
Torta de frango com milho 64
Torta de arroz com frango desfiado ..64
Torta de brócolis e frango 65

LANCHES

Barrinhas de granola 67
Biscoitinhos de fubá.............................68
Biscoitos de amido de milho...............68
Biscoitos de aveia com bananas 68
Biscoitos de gergelim 68
Bolachinhas de aveia com coco 69
Bolachinhas de frutas secas 69
Bolachinhas de manteiga 69
Bolachinhas de soja..............................70
Frutas assadas com flocos
  de milho e de arroz...........................70
Geleia de amora....................................70
Geleia de caqui.....................................70
Geleia de cascas de frutas 71
Geleia de cascas de manga..................71
Geleia de morango...............................71
Granola 72
Hambúrguer de abobrinha 72
Hambúrguer de soja.............................72
Manteiga de soja...................................73
Margarina de soja.................................73
Rosca de frutas secas 73
Rosca de laranja....................................74

Rosquinhas de banana com soja 74
Sanduíche com banana 75
Sanduíche com beterraba 75
Sanduíche com palmito 75
Sanduíche com salmão 75
Sanduíche de pão francês
    com escarola 76
Sanduíche de pepino com curry 76
Sanduíche de repolho com cenoura 76
Sanduíche de ricota 77
Sanduíche de tofu e tomates...............77

MASSAS E SEUS MOLHOS
Bolo com massa de lasanha 79
Bolo de macarrão com atum 80
Espaguete com atum 80
Espaguete com bacalhau 80
Lasanha de abobrinha 81
Lasanha de panquecas 81
Macarrão ao creme de manjericão 82
Macarrão com frango e páprica 82
Macarrão com molho de agrião 82
Massa de glúten 82
Massa de soja 83
Massa para bolo salgado 83
Massa para panquecas com aveia 83
Massa para panquecas com cenoura 84
Massa para panquecas com iogurte 84
Massa para panquecas sem ovos 84
Massa para salgadinhos (I) 84
Massa para salgadinhos (II) 85
Massa para tortas (I) 85
Massa para tortas (II) 85
Meu macarrão 85
Molho à bolonhesa natural 86
Molho branco básico 86
Molho de cenoura 86
Molho de linguiça de frango 86
Molho de manga 87
Molho de melancia 87
Molho de tomate natural 87

Molho simples de tomate....................88
Nhoque de abóbora 88
Nhoque de batatas 88
Nhoque de batatas em camadas 88
Nhoque de mandioquinha
    com molho de shitake 89
Nhoque de pingar 90
Nhoque de ricota 90
Nhoque de semolina 90
Parafuso verde e amarelo 90
Pudim de macarrão 91
Talharim Maria Lúcia 91

PEIXES
Bobó de peixe......................................93
Cação à milanesa 93
Camarão com shoyu e gengibre 94
Corvina recheada 94
Linguado com alcaparras 94
Linguado com frutas 95
Moqueca de cação com caju 95
Peixe com leite de coco 95
Peixe surpresa 96
Pescada ao maracujá 96
Pescada com molho de manga 96
Salmão com shimeji
    acompanhado de shitake 97
Salmão no pacote 97

PIZZAS E PÃES
Massa base para pizza 99
Massa de pizza do Vado 99
Pão de aveia com linhaça 100
Pão de cebola 100
Pão de cenoura 100
Pão de ervas 101
Pão de farinha integral 101
Pão de forma de liquidificador 102
Pão de mandioca 102
Pão de minuto (I) 102
Pão de minuto (II) 102

Pão de minuto (III) 103
Pão de ricota 103
Pão de trigo integral 104
Pão de trigo para quibe 104
Pãozinho de centeio 104
Pizza de abobrinha 105
Pizza de batata 105
Pizza de massa de arroz
    com rúcula 106
Pizza quase vegetariana 106

RECHEIOS PARA PIZZA
Recheio de talos de brócolis 107
Recheio de talos de espinafre 107
Recheio de tomate seco e escarola ... 107

PRATOS PRINCIPAIS E ACOMPANHAMENTOS
Abobrinhas com alho 109
Abobrinhas em camadas 110
Almôndegas de arroz com feijão 110
Almôndegas de aveia 111
Bacalhoada com soja 111
Bandeja de legumes 111
Batata assada com alho 112
Batata-doce gratinada com nabos 112
Batatas recheadas
    com feijão branco 112
Beterraba assada com alho 112
Bife de glúten 113
Bife de soja (I) 113
Bife de soja (II) 113
Bolinho de batata de colherada 114
Bolinho de mandioca
    com talos de agrião 114
Bolinhos de vegetais
    ricos em fibras 114
Broto de bambu com palmito 115
Carne de soja em lata 115
Cascas de bananas à milanesa 116
Chilli de soja 116

Couve-de-bruxelas com ervas 116
Couve-flor com creme de leite 117
Creme de chuchu 117
Creme de escarola com alho 117
Creme de folhas de couve-flor 118
Croquete de batata 118
Croquete de chuchu 118
Espinafre à grega 119
Espinafre com creme de queijo 119
Estrogonofe de legumes 128
Estrogonofe de proteína de soja 128
Falso macarrão com broto de feijão 119
Farofa de cenoura crua 120
Feijoada com glúten 120
Feijoada vegetal 120
Feijoada vegetariana da Ercília 120
Fritadinhas de batatas com aveia 121
Gelatina de legumes 121
Manga grelhada com
    broto de alfafa 122
Paella de arroz integral 122
Panqueca de shitake 123
Polenta básica 123
Polenta com molho de
    linguiça de frango 123
Polenta com queijo e espinafre 124
Polenta frita 124
Pudim de legumes com queijo 124
Purê diferente 124
Quibe de berinjela 125
Quibe sem carne com batatas 125
Quibe vegetariano 126
Repolho roxo assado com maçã 126
Shitake abafado 126
Shitake ao molho de capim-limão ... 127
Shitake empanado 127
Shitake grelhado 127
Suflê de espinafre (I) 129
Suflê de espinafre (II) 129
Suflê de nozes com tofu 129

TEMPURÁ 130
Tempurá 130
Torta de milho 131
Torta de rúcula 131
Torta de sardinha 132
Vagone de castanha-de-caju
    na manteiga 132
Virado de quiabo 133
Viradinho de quiabo 133

SALADAS
Salada de brotos de
    feijão com cenoura 135
Salada de brotos de
    feijão com pepinos 136
Salada colorida com requeijão
    e gergelim 136
Salada com molho de ovo 136
Salada da Bete 136
Salada de abobrinha crua 137
Salada de alcachofras especial 137
Salada de alface e endívia 137
Salada de brócolis com macarrão 138
Salada de espinafre 138
Salada de jiló 138
Salada de legumes
    com broto de feijão 138
Salada de mandioca com suco de
    maracujá 139
Salada de peito de peru
    com abacaxi 139
Salada de pimentão vermelho 140
Salada de repolho com iogurte 140
Salada de soja 140
Salada refrescante de tomates
    com hortelã 140
Salada gelada de cenoura
    com pepino 141
Salada naturalista 141
Salada rápida 141
Salada três feijões 142
Salada verde com avelãs
    e queijo branco 142
Salada verde com shitake e brotos 142
Salpicão 143
Tabule 143
Tabule de feijão 143

SALGADINHOS
Massa básica para salgadinhos (I) 145
Massa básica para salgadinhos (II) .145
Bolinhas de queijo 146
Bolinhos de milho 146
Croquetinhos rápidos de queijo 146
Massa para empadas 147
Recheio de brócolis com ricota 147
Recheio de espinafre (I) 147
Recheio de espinafre (II) 147
Recheio de palmito 147
Recheio de tofu 148
Recheio para coxinhas 148

SOBREMESAS E DOCES
Abacaxi rendoso 149
Abacaxi com laranja 149
Ameixa recheada 150
Bala de alga 150
Beijinhos 150
Beijinhos light 151
Bombocado 151
Bombom de casca de abacaxi 151
Bombocado de laranja com aveia 151
Bombocado de mandioca 152
Brigadeiro de soja 152
Brigadeiro light 152
Cajuzinho 153
Cocada na abóbora 153
Creme de amêndoas
    ou de castanhas-de-caju para
    recheios e coberturas 153
Creme de chantilly light 154
Crostata de maçã 154

Curau light..154
Doce de caju da Mariquinha.............154
Doce gelado de uva...........................155
Docinhos de abóbora.........................155
Docinhos de amêndoas......................155
Docinho de casca de abacaxi............156
Docinhos de coco..............................156
Docinhos de frutas secas...................156
Docinhos de maçã.............................157
Falso pudim de leite
    condensado da Nely....................157
Fritadas de maçã...............................157
Leite condensado de soja..................158
Leite condensado light......................158
Mamão ao forno com
    queijo cottage..............................158
Pão de mel light................................158
Pudim de extrato de soja..................159
Pudim de goiaba...............................159
Pudim de ricota................................159
Quindim de maracujá........................160
Sorvete de capim-cidreira.................160
Sorvete de casca de manga...............160
Suflê de pera.....................................160
Suspiro com peras.............................161
Torta cremosa de melancia...............161
Torta com recheio de arroz...............162
Torta de banana................................162
Torta de banana com pão.................162
Torta de cenouras.............................163
Torta de frutas com creme da Rosa....163
Torta de ricota da Cecília.................164

SOPAS E CALDOS
Caldo com bolinhas de espinafre......165
Caldo de espinafre............................166
Caldo de soja....................................166
Caldo verde......................................166
Sopa com gosto de pizza..................167
Sopa creme de palmito.....................167
Sopa cremosa de peixe.....................167
Sopa cremosa de salsão....................168
Sopa cremosa de legumes................168
Sopa de camarão com salmão..........168
Sopa de cebola.................................169
Sopa de espinafre com batatas.........169
Sopa de feijão...................................169
Sopa de grão de bico........................170
Sopa de milho..................................170
Sopa de shitake................................170
Sopa de shitake com tofu.................170
Sopa de tofu e cogumelos................171
Sopa de tomates com pipoca...........171
Sopa digestiva..................................171

SUCOS E CHÁS
Trio maravilha: laranja,
    abacaxi e alface............................174
Mistura energética:
    goiaba com hortelã......................174
Coquetel rejuvenescedor:
    laranja, beterraba e cenoura.......174
Suco de couve enriquecido
    com tangerina..............................174
Suco de abacaxi................................175
Suco de maçã com laranja................175
Suco de uva e cereja.........................175
Suco hidratante:
    melancia e água de coco.............175
Suco de lima e melão.......................176
Dupla contra a gripe: suco de
    morango com abacaxi.................176
Refresco para o verão: suco de
    maçã com limão..........................176
Suco revigorante: uva,
    kiwi e laranja..............................177
Suco de abacaxi com laranja............177
Suco calmante: uva,
    abacaxi e morango......................177

ÍNDICE

Suco de pera, maçã e limão ... 177
Suco de cenoura com pimentão ... 178
Suco de cenoura, espinafre, alface, nabo e salsa ... 178
Suco de cenoura, beterraba e pepino ... 178
Suco bronzeador: cenoura e beterraba ... 178
Suco de cascas de maçã com limão . 179
Suco de laranja com cenoura ... 179
Suco de morango com alface ... 179
Suco de maçã, uva e limão ... 179
Suco antirradicais livres: romã e maçã ... 180
Suco de laranja com pêssego e água de coco ... 180
Suco digestivo: abacaxi, cereja e lima ... 180
Suco de laranja, abacaxi e framboesa ... 180
Suco de cenoura, repolho e aipo ... 181
Suco de cenoura, couve, salsa e maçã ... 181
Suco de laranja com broto de repolho ... 181
Suco turbinado: cenoura, abacaxi, laranja, gengibre e mel ... 182
Suco antianemia ... 182
Suco de cenoura, maçã, gengibre e salsa ... 182
Suco de cenoura, repolho e alface .. 183
Suco de cenoura, brócolis e maçã ... 183
Suco desintoxicante ... 183
Suco contra o colesterol ... 183
Suco contra asma e bronquite ... 184
Suco para laringite ... 184
Suco de melancia para gota e ácido úrico ... 184
Suco antienvelhecimento ... 184
Suco para prevenir o câncer de pele ... 185
Suco contra pressão alta ... 185
Suco de melancia ... 185
Suco energético ... 185
Suco nutritivo com linhaça ... 185
Suco de pera ... 186
Suco de kiwi ... 186
Suco de coco ... 186
Suco de abacaxi ... 186
Suco de morango ... 186
CHÁS ... 187
Chá de cravo, canela e alho ... 187
Chá diferente de mate ... 187
Chá de capim-cidreira com alho ... 187
Chá de hortelã com alho ... 187
Chá fortalecedor com alho ... 187

195